Y COMIC
BEIBLAIDD ANFERTH

CYHOEDDWYD YR ADDASIAD CYMRAEG GAN

CYHOEDDIADAU'R GAIR © 2021

AEL Y BRYN, CHWILOG, PWLLHELI, GWYNEDD LL53 6SH

ADDASIAD CYMRAEG: ALUN JONES

GOLYGYDD CYFFREDINOL: ALED DAVIES

CYSODI: RHYS LLWYD

ARGRAFFWYD YN YR UNDEB EWROPEAIDD.

WWW.YSGOLSUL.COM

Y CoMIC
BEIBLAIDD ANFERTH

MYCHAILO KAZYBRID GYDA
BAMBOS GEORGIOU, JESUS BARONY, A JEFF ANDERSON
ADDASIAD CYMRAEG: ALUN JONES

CYHOEDDIADAU'R GAIR

CYFLWYNIAD

AI ADERYN SY YNA, NEU AWYREN?

NA, Y COMIC BEIBLAIDD ANFERTH!

CROESO I'R COMIC BEIBLAIDD ANFERTH SY'N ANELU AT ROI MWYNHAD WRTH DDARLLEN. WEDI'R CYFAN, MAE YN Y BEIBL Y GWIR NEWYDDION DA AC MAE'R CASGLIAD HWN O STORÏAU O'R HEN DESTAMENT A'R NEWYDD YN AWGRYMU'R MWYNHAD A GEIR.

SICRHAU PLESER WRTH DDARLLEN Y BEIBL YDY'R NOD. MAE'N HAWDD EI DDARLLEN AR FFURF COMIC A BYDD YN SIŴR O DDAL DIDDORDEB Y DARLLENWR MWYAF ANFODDOG. CAFODD Y LLUNIAU SYLW MANWL GAN ANELU I HOELIO SYLW A CHREU HIWMOR, FEL Y BYDD Y STORÏAU A'R CYMERIADAU O'R BEIBL YN AROS YN FYW YN Y COF, FEL Y LLWYDDA'R CYMERIADAU A'R STORÏAU MEWN COMIC POBLOGAIDD.

CAFODD Y TÎM CREADIGOL EU HYSBRYDOLI GAN EU HOFFTER O GOMICS A'U HAWYDD I GYFLWYNO'R BEIBL I'R GENHEDLAETH NEWYDD O DDARLLENWYR IFANC SY'N MWYNHAU COMICS CLASUROL FEL Y *BEANO*, A *MELLTEN* YN Y GYMRAEG, A CHYMERIADAU FEL *ASTERIX, TINTIN* A *DENNIS THE MENACE*.

MAE'R TÎM CREADIGOL YN CYNNWYS GOREUON Y BYD YM MAES Y COMIC, GAN GYNNWYS: **MYCHAILO KAZYBRID** – *WALLACE AND GROMIT, THE TICK* A *MARVEL UK*, **JEFF ANDERSON** – *TRANSFORMERS* A *LION HERO BIBLE*, **BAMBOS GEORGIOU** – *MARVEL* A *DC COMICS* A *JESUS BARONY* – *BANDE DESSINEE* AC *ACES WEEK*.

I DRAGWYDDOLDEB A THU HWNT!

CYNNWYS

HEN DESTAMENT PARHAD

Y TESTAMENT NEWYDD

YR AIFFT

Y BOS MAWR

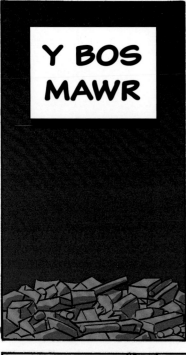

YN Y DECHREUAD, PENDERFYNODD DUW Y BYDDAI'N SYNIAD DA CREU BYDYSAWD SY'N LLAWN PETHAU GWERTH EU GWELD.

YN GYNTA, DECHREUODD DUW DRWY GREU GOLEUNI AC YNA TYWYLLWCH, A'U GALW'N DDYDD A NOS.

WEDI I DDUW WAHANU'R MOROEDD A'R TIR, DECHREUODD FWYNHAU'R BORFA A'R PLANHIGION.

MAE'N COSI.

ROEDD WRTH EI FODD WRTH GREU YR HAUL, Y LLOER A'R SÊR.

LLENWODD Y DYFROEDD Â CHREADURIAID BYW A'R AWYR AG ADAR LLIWGAR.

CYRHAEDDODD Y 6ED DIWRNOD ERBYN IDDO GWBLHAU CREU YR HOLL ANIFEILIAID A PHOBL.

CAFODD DUW FFLACH O WELEDIGAETH I LENWI'R 7FED DYDD ...

... CYFLE I ORFFWYS YN BRAF!

DYN Y
LLWCH

BRAF CAEL CWMNI'R
CREADURIAID HYFRYD YMA.
OND, OES RHAID IDDYN NHW
GREU YR HOLL LWCH 'MA? IE!
SYNIAD DA.

FE GREODD DUW DDYN O
LWCH Y DDAEAR.

WEDI EI ENWI YN ADDA,
RHODDODD DUW Y DASG
IDDO O ENWI POB DIM.

AW!
GWENYNEN!

DIOLCH,
'RHEN
ADERYN!

AWTSH!
CROCODEIL.

TWRCI.

MEDDWL AM
GINIO DOLIG
MAE E!

ROEDD HI'N AMLWG I DDUW
BOD ANGEN CWMNI ARNO.

MORGRUG!

O'R
ANNWYL...

9

Y DIHIRYN

AETHON NHW ATI I GREU DILLAD O DDAIL Y FFIGYSBREN.

CAIN BLIN

CAFODD ADDA AC EFA DDAU FAB: DAETH CAIN YN FFERMWR, OND BUGAIL OEDD ABEL.

GWYLLTIODD CAIN AM FOD DUW YN GWRTHOD EI ANRHEGION EF, OND CÂI RHAI ABEL GROESO MAWR.

DIOLCH I TI ABEL AM DY OEN CYNTA.

HM!

CAIN

ABEL

MAE'N BRYD CAEL GWARED AR Y BRAWD NEIS, NEIS.

FELLY, LLADDODD CAIN ABEL.

DYWEDODD CAIN EI FOD AM OLLWNG RHYWBETH I FI. SGWN I...

SBLAT!

BLE MAE ABEL?

YM ... CYSGU'N SOWND AR EI HYD YN RHYWLE!

SYLWEDDOLODD DUW FOD ABEL WEDI MARW AC ANFONODD CAIN I FFWRDD. ROEDD AM EI GADW'N DDIOGEL, FELLY GOSODODD NOD ARNO I ATAL ERAILL RHAG EI NIWEIDIO.

BU'N RHAID I CAIN FYND AR GRWYDR AC NI WELODD NEB EF WEDYN.

DROS YR ENFYS

DYWEDODD DUW WRTH NOA AM ADEILADU ARCH A'I LLENWI AG ANIFEILIAID, UN GWRYW AC UN BENYW O BOB MATH.

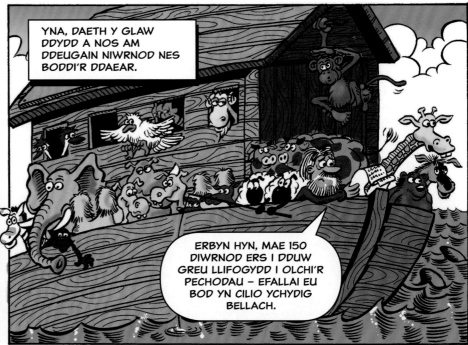

YNA, DAETH Y GLAW DDYDD A NOS AM DDEUGAIN NIWRNOD NES BODDI'R DDAEAR.

ERBYN HYN, MAE 150 DIWRNOD ERS I DDUW GREU LLIFOGYDD I OLCHI'R PECHODAU – EFALLAI EU BOD YN CILIO YCHYDIG BELLACH.

FE ANFONAF Y GIGFRAN HON ALLAN I CHWLIO AM DIR.

HEDFANODD Y GIGFRAN NÔL A 'MLAEN MEWN CYLCHOEDD.

YDYN NI YNO, BELLACH?

YDYN NI YNO, BELLACH?

IAWN, FE ANFONA I'R GOLOMEN HON I CHWILIO AM DDAEAR.

GYMRITH HI ...

GWIBIODD Y GOLOMEN YN ÔL Â DAIL YR OLEWYDDEN YN EI CHEG. Y DDAEAR YN AMLWG YN SYCHU.

FEL ADDEWID NA FYDDAI BYTH ETO'N BODDI'R DDAEAR, LLUNIODD DUW ENFYS YN YR AWYR.

CREDU

ROEDD ABRAM YN BYW YN HARAN PAN DDYWEDODD DUW WRTHO AM ADAEL EI WLAD A SYMUD I GANAAN. ROEDD YN BWYSIG IDDO GREDU YN NUW, FELLY AETH GYDA'I WRAIG A LOT EI NAI, A MYND Â'I HOLL EIDDO A'I WEITHWYR YN OGYSTAL.

EWCH I GANAAN

AR Y FFORDD ADEILADODD ALLOR I'R ARGLWYDD WRTH DDERWEN SANCTAIDD MORE...

... AC UN ARALL RHWNG BETHEL AC AI...

BETHEL AI

... AC UN ARALL YN HEBRON.

MAE ADEILADU ALLORAU YN OBSESIWN GANDDO!

GAN FOD CYMAINT O ANIFEILIAID GANDDYNT CODODD CWERYL RHWNG ABRAM A GWEITHWYR LOT.

YN SYDYN, TORRODD RHYFEL RHWNG Y BRENHINOEDD. CAFODD LOT A'I WEITHWYR EU DAL.

ARWEINIAIS I FY YMLADDWYR I'TH ACHUB, LOT. RY'N NI WEDI ENNILL!

YN DILYN HYN GWAHODDODD Y BRENIN MELCHISEDEC HWY YN GAREDIG I DDATHLU'R FUDDUGOLIAETH.

MAE DUW YN WYCH!

BACHGEN GWYLLT

SIARADODD DUW AG ABRAM MEWN GWELEDIGAETH.

ABRAM, EDRYCH AR YR AWYR, CYFRA'R SÊR ... BYDD GEN TI GYMAINT O DDISGYNYDDION AG SYDD O SÊR.

BETH? WYT TI'N GALLU GWELD FAINT O SÊR SYDD YNO?

DW I'N 85 OED A DW I EISIE CYSGU.

FYDD YR HOLL OLCHI DILLAD DDIM YN DILEU'R CRYCHAU AR FY NWYLO.

RHO'R HOLL DDAEAR HYN I DY DDISGYNYDDION.

BYDD CYFOETH O DIR IDDYN NHW!

YNA CAFODD ABRAM FAB, EI FAM OEDD HAGAR AC ENWYD EF YN ISHMAEL. ROEDD YN YMDDWYN FEL ASYN GWYLLT, YN YMLADD YN ERBYN PAWB. DOEDD HYD YN OED Y DEFAID DDIM YN EI HOFFI!

BACHGEN HAPUS

ERBYN HYN ROEDD ABRAM WEDI CERDDED A CHERDDED, WEDI CAEL MAB UCHEL EI GLOCH, A NEWIDIODD DUW EI ENW YN ABRAHAM. CAFODD DDEGAWD A HANNER!

DW I WEDI BOD YNG NGHANAAN

YN SYDYN YMDDANGOSODD TRI GŴR.

CROESO! GADEWCH I FI NÔL DIODYDD OER, HEB SIWGR, WRTH GWRS, A RHYWBETH I'W FWYTA.

DIOLCH O GALON. DIM OND GALW I DDWEUD WNAETHON NI Y BYDD SARA, DY WRAIG, YMHEN BLWYDDYN YN CAEL BACHGEN BACH.

FI'N CAEL BABAN? DOES MO'R YNNI GEN I ERBYN HYN I CHWILIO AM FARGEN.

HE-HE-HE ... HO-HO-HO ... HA-HA-HA ...

WPS!

SORI, ROEDD HWNNA'N SWNIO FEL RHYW JÔC DDONIOL. RHAGOR O FWYD UNRHYW UN?

OND YMHEN BLWYDDYN CAWSANT FABAN, ISAAC, A DDAETH Â LLAWER O CHWERTHIN A MWYNHAD IDDYNT.

AC FELLY LLENWYD DYDDIAU ABRAHAM GAN SŴN Y BACHGEN GWYLLT (ISHMAEL) A SŴN Y BACHGEN LLAWN CHWERTHIN (ISAAC) ... A'R DEFAID!

ROEDD ISAAC YN HEN AC AR FIN MARW.

ESAU, FYDDA I DDIM AR Y DDAEAR HON YN HIR.

BETH AM RYWBETH BLASUS I'W FWYTA AC YNA CEI FY MENDITH.

MAE DY DAD WEDI GOFYN AM EI HOFF FWYD AC MAE AM ROI EI FENDITH I ESAU. OND MAE'N HEN,

YN DDALL AC YN DDIGON DWL FEL Y GELLI DI EI DWYLLO MAI ESAU WYT TI.

OND MAE ESAU YN FAWR A BLEWOG A FINNAU'N UN BACH DREWLLYD.

WEDI IDDO GAEL EI ORCHUDDIO Â CHROEN ANIFAIL CREDODD ISAAC MAI ESAU OEDD JACOB AC FE'I BENDITHIODD.

DYDW I DDIM WEDI MARW ETO!

DIHANGODD JACOB I OSGOI DICTER ESAU.

JAACOOOBBB!!

WPS! TYBED YDY E WEDI CLYWED?

GWELL RHEDEG.

YMHEN YCHYDIG, BREUDDWYDIODD JACOB EI FOD YN GWELD GRISIAU YN LLAWN O ANGYLION. DYWEDODD DUW WRTHO Y BYDDAI'N EI AMDDIFFYN AC Y RHODDAI IDDO'R HOLL DIR Y TRIGAI YNDDO.

FELLY I FFWRDD AG EF AR ÔL DEWIS CARREG FAWR I'W ATGOFFA O HYNNY.

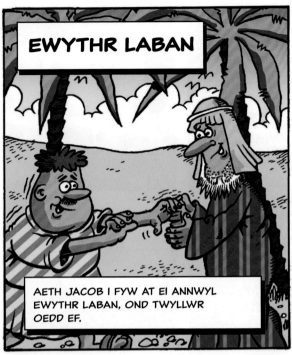

EWYTHR LABAN

AETH JACOB I FYW AT EI ANNWYL EWYTHR LABAN, OND TWYLLWR OEDD EF.

EW! MAE HI MOR BERT. MAE HI'N AMLWG YN HOFFI RHAI BACH TEW, DREWLLYD.

GWEITHIA DI I FI AM SAITH MLYNEDD, YNA CEI BRIODI FY MERCH IFANCAF, RACHEL.

O'R GORAU, GAN NAD OES GEN I ARIAN. YCH, DW I'N CASÁU DEFAID.

OND AR DDYDD EI BRIODAS.

SORI OS YDW I'N DREWI. DW I DDIM WEDI 'MOLCHI ERS SAITH MLYNEDD.

TA TA. Y RHEOL YW RHAID ITI BRIODI'R FERCH HYNAF GYNTA.

MERCH BERT, ON'D YDY HI?!

YM...

PAID POENI, OS GWEITHI DI AM SAITH MLYNEDD ARALL CEI BRIODI'R IFANCAF.

MAE E NÔL.

DAL HEB 'MOLCHI.

FELLY, O'R DIWEDD PRIODODD RACHEL A CHAEL TEULU MAWR...

A LLAWER MWY O DDEFAID.

SÊR YN YMGODYMU

DAETH YN BRYD I JACOB, EI DEULU A'I ANIFEILIAID ADAEL LABAN AR FRYS. ANFONODD NEGES AT ESAU.

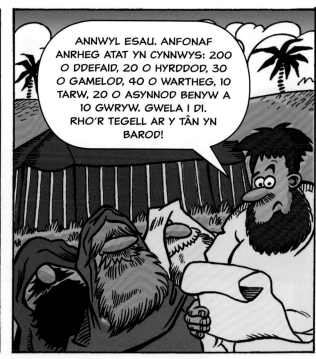

ANNWYL ESAU. ANFONAF ANRHEG ATAT YN CYNNWYS: 200 O DDEFAID, 20 O HYRDDOD, 30 O GAMELOD, 40 O WARTHEG, 10 TARW, 20 O ASYNNOD BENYW A 10 GWRYW. GWELA I DI. RHO'R TEGELL AR Y TÂN YN BAROD!

YN HWYRACH Y NOSON HONNO...

DYMA TI!

METHU SYMUD.

TEIMLO'N SÂL?

ILDIO? CHEI DI DDIM GADAEL CYN FY MENDITHIO.

AA! FY NGHLUN DRUAN.

BETH YW DY ENW?

DDIM RHAGOR. GWNEST YMGODYMU Â DUW A DYN AC ENNILL. FELLY ISRAEL FYDD DY ENW.

JACOB.

CYFARFU'R DDAU FRAWD UNWAITH ETO. ROEDD JACOB WRTH EI FODD FOD ESAU WEDI MADDAU IDDO ... ROEDD Y TEGELL AR Y TÂN YN BERWI.

JOSEFF A'R GÔT AMRYLIW

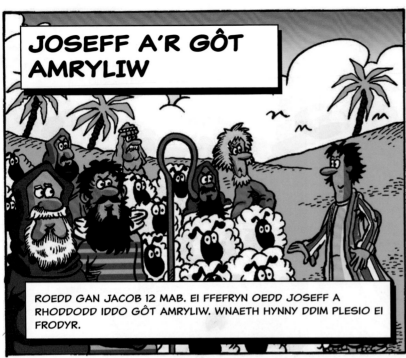

ROEDD GAN JACOB 12 MAB. EI FFEFRYN OEDD JOSEFF A RHODDODD IDDO GÔT AMRYLIW. WNAETH HYNNY DDIM PLESIO EI FRODYR.

HM, DAL I WISGO'R GÔT 'NA.

CES FREUDDWYD ARBENNIG. GWELAIS I CHI'N YMGRYMU I MI. GYDA LLAW,

DYWEDAIS WRTH DAD NAD O'CH CHI'N GWEITHIO'N DDIGON CALED.

DYNA DDIGON. RHAID CAEL GWARED ARNO.

TAFLON NHW JOSEFF I MEWN I BYDEW.

DYMA FI'N CAEL FY RHOI YN FY LLE.

HEI! GOFYNNAF I DAD WNEUD TROWSUSAU AMRYLIW I CHI I GYD.

CAFODD JOSEFF EI WERTHU FEL CAETHWAS AM 20 DARN O ARIAN.

DWEDWCH WRTH DAD Y BYDDA I'N HWYR I DE – WEDI 'NGHLYMU WRTH RYWBETH.

YR AIFFT – DIGON O DYWOD A HAUL.

... YN WIR DAD, GWNAETH YR ANGHENFIL HWN EI LYNCU.

HIRAETHAI JACOB O GOLLI EI FAB.

Y BREUDDWYDIWR

CAFODD JOSEFF EI WERTHU I POTIFFAR, SWYDDOG YM MYDDIN YR AIFFT. O YSTYRIED EI FOD YN DDIOG, GWEITHIODD YN GALED I'W FEISTR.

ROEDD GANDDO BROBLEM. ROEDD GWRAIG POTIFFAR YN EI FFANSÏO A CHEISIODD EI GUSANU.

DARGANFU POTIFFAR HYN. JOSEFF GAFODD Y BAI A CHAFODD EI GARCHARU.

OND HI GUSANODD FI!

WEDYN...

RY'N NI'N DAU WEDI CAEL BREUDDWYDION RHYFEDD – BETH YW EU HYSTYR?

BREUDDWYD Y PRIF FWTLER.

NEWYDDION DA. BYDDI'N CAEL DY SWYDD YN ÔL GAN Y BRENIN.

BREUDDWYD Y PRIF GOGYDD.

SORI GYFAILL, BYDDI'N COLLI DY BEN.

YMHEN HIR A HWYR CAFODD Y BRENIN FREUDDWYD RYFEDD HEFYD.

BYDD Y GŴR SYDD YN Y CARCHAR YN GWYBOD EI HYSTYR.

ANFONODD Y BRENIN AM JOSEFF.

BETH SYDD I'W WNEUD?

YR YSTYR YW Y CAWN SAITH MLYNEDD PAN FYDD DIGONEDD O FWYD AC YNA SAITH MLYNEDD O NEWYN.

GWNAETH HYN GYMAINT O ARGRAFF AR Y BRENIN FEL Y GWNAETH JOSEFF YN LLYWODRAETHWR AR EI WLAD.

23

Y LLYWODRAETHWR

GWEITHIODD CYNLLUN JOSEFF YN BERFFAITH. PAN OEDD BWYD YN BRIN DAETH PAWB I'R AIFFT.

ŶD DA AM BRIS DA GAN JOS.

GAN GYNNWYS EI FRODYR...

DYWEDES I FOD ŶD YMA.

ŶD AR GLUD GAN JOS

O GAIRO I THEBES

GWNAETH JOSEFF ADNABOD EI FRODYR OND GWNAETH EU TRIN FEL DIEITHRIAID.

HM, CHI'N EDRYCH YN DDIGON AMHEUS I FI. YSBIWYR YDYCH CHI?

WIR, NI'N HEN HOGIA GONEST. ANGEN PRYNU ŶD, DYNA I GYD.

WEDI GADAEL IDDYNT BRYNU ŶD, RHODDODD EU HARIAN 'NÔL YN EU SACHAU.

YMHEN AMSER...

DAD, RY'N NI ANGEN MWY O ŶD. RHAID DYCHWELYD I'R AIFFT.

Y TRO YMA...

O NA, DDIM ETO!

FELLY, GWNEST TI DDWYN CWPAN FY MEISTR, DO FE?

OND ROEDD JOSEFF YN CARU EI DEULU A BU'N RHAID IDDO DDATGELU PWY OEDD EF.

ŶD AR GLUD GAN JOS
YR AIFFT UCHAF
YR AIFFT ISAF
A PHOB DIM
YN Y CANOL

NI ALLAI GUDDIO PWY YDOEDD MWYACH A GWNAETH GOFLEIDIO EI DAD GAN ADDO Y BYDDENT YN HAPUS A DIOGEL YN YR AIFFT.

Y BABAN YN YR HESG

YMHEN RHYW 400 MLYNEDD WEDYN, TEIMLAI'R BRENIN – NAD OEDD YN ADNABOD JOSEFF – BOD EI DDISGYNYDDION YN EI FYGWTH.

HM... DDIM YN HAPUS.

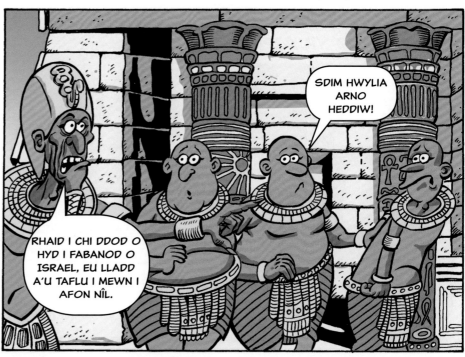

SDIM HWYLIA ARNO HEDDIW!

RHAID I CHI DDOD O HYD I FABANOD O ISRAEL, EU LLADD A'U TAFLU I MEWN I AFON NÎL.

YN GYFLYM, CUDDIA DY FRAWD YN YR HESG A GOFALA AMDANO.

BYDDI'N DDIOGEL YMA YN YR HESG.

OND CAFODD Y FASGED EI CHARIO GAN LIF YR AFON.

WELAIST TI RYWBETH NEWYDD O GWMPAS, WIL?

NADDO... AIFF DIM BYD HEIBIO FI.

OND ER RHYFEDDOD, Y DYWYSOGES DDAETH O HYD I'R BABAN.

DW I'N ADNABOD GWRAIG O ISRAEL ALL OFALU AMDANO TAN IDDO DYFU.

DIOLCH ITI. FE'I GALWAF YN MOSES.

FELLY CAFODD MOSES EI DDYCHWELYD I'W FAM A CHAFODD HITHAU EI THALU AM OFALU AMDANO.

TYWYSOG YR AIFFT

MWYNHAODD MOSES EI FYWYD YN YR AIFFT. DAETH YN AELOD O'R TEULU BRENHINOL AC ROEDD POB DIM YN BERFFAITH TAN ...

... Y GWELODD SUT ROEDD YR EIFFTIAID YN TRIN YR ISRAELIAID FEL CAETHWEISION.

BETH AR ...

TI'R CAETHWAS, CEI WELD PAM MAEN NHW'N 'Y NGALW I'N DYRNWR AL DYRNWR.

MAE'N BRYD NEWID DY ENW, GYFAILL!

BWFF! BANG! AW!

GAN NAD OEDD Y GWARCHODWR MEWN CYFLWR DA, RHUTHRODD MOSES ODDI YNO GAN OBEITHIO NA CHAWSAI EI WELD.

DRANNOETH...

PEIDIWCH DADLAU, RHAID TRAFOD YN GALL DROS GACEN.

EDRYCH, DYNA DDYRNWR Y DYRNWR.

O! MAE PAWB YN GWYBOD.

WEDI RHEDEG A RHEDEG WEDYN...

CABS Y CAMEL

MIDIAN

CYMWYNAS MOSES

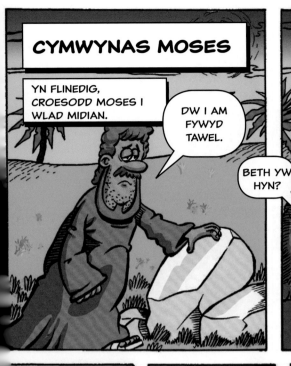

YN FLINEDIG, CROESODD MOSES I WLAD MIDIAN.

DW I AM FYWYD TAWEL.

BETH YW HYN?

NI OEDD YMA GYNTA. EWCH Â'CH DEFAID HYLL I FFWRDD, FERCHED.

MOSES YDW I. RYCH CHI'N SAFF.

SEFFORA YDW I.

CAFODD WAHODDIAD GAN JETHRO, TAD SEFFORA, I GINIO AC YNA I FOD YN AELOD O'I DEULU.

DIOLCH AM EICH HELP.

DYMA'R BYWYD. YN BRIOD Â MERCH ARBENNIG, A GWAITH TAWEL YN GOFALU AM Y DEFAID.

BETH ALLAI FYND O'I LE?

SNIFF! SNIFF!

YM, MAE'R LLWYN AR DÂN!

27

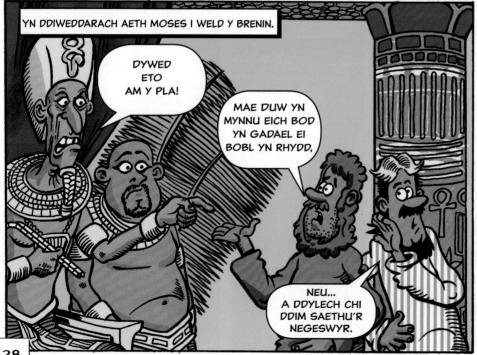

Y DDIHANGFA FAWR

EICH MAWRHYDI. MAE GYNNON NI BETH PROBLEMAU GYDA'R PLA...

GWAED YN AFON NÎL ...

LLYFFANTOD

GWYBED ...

PRYFED ...

AFIECHYDON ...

CHWYDDAU SEPTIG ...

CENLLYSG ...

LOCUSTIAID ...

TYWYLLWCH ...

MARWOLAETH ...

OCE, MOSES, Y DEG ROWND GYNTA I TI ...

DOS!

EXODUS I'R CHWITH

YR ERLID... A MANNA

GWNAETH BYDDIN YR AIFFT DDILYN Y BOBL, OND ALLEN NHW DDIM GWELD AM FOD CYMYLAU DUW FEL MUR.

DYW HYN DDIM YN EDRYCH YN DDA.

GWNAETH DWR Y MÔR COCH LIFO DROSTYNT.

RHAID I FI RUTHRO 'NÔL I FWYDO'R GATH.

DIM OND WEDI DECHRAU DYSGU NOFIO YDW I!

YN YR ANIALWCH ...

RHAID CAEL UN!

DW I DDIM YN ANNIOLCHGAR OND BETH WNAWN NI I GINIO?

ARGLWYDD, FI MOSES SY YMA. MAEN NHW'N GOFYN AM FWYD – BETH WNA I?

OCE, FELLY ANFONODD DUW SOFLIEIR ATYNT.

HM, MAE HYD YN OED Y DEFAID YN EU HOFFI. BETH YDYN NHW?

MANNA, AC MAEN NHW'N GWNEUD BRECHDANAU ARBENNIG.

OND LLYNCODD MOSES ORMOD O'R IEIR A'R BRECHDANAU MANNA ENFAWR. DECHREUODD EI FOL DYFU!

Y DEG GORCHYMYN

AC FELLY, AETH MOSES A'I HOFF SOFLIAR, DAN (Y SOFLIAR NA FWYTAODD), AR Y DDRINGFA HIRFAITH I FYNY MYNYDD SINAI I SIARAD Â DUW.

FFIW, TI'N IAWN DAN, ER BOD Y MANNA YN Y BRECHDANAU YN FLASUS MAEN NHW'N GWNEUD I'R HEN FOL DYFU!

FI SYDD YMA, MOSES... DW I'N GWYBOD Y GELLI DI FY HELPU I ARWAIN FY MHOBL.

FI YW'R ARGLWYDD DY DDUW. CYMER Y TABLEDI O GERRIG A DILYN Y CYFARWYDDIADAU.

BOBL BACH, BYDDWN YN CROESAWU GWYRTH A CHAEL CADAIR I'M CARIO!

OND, PAN FU MOSES I FFWRDD, FE GREODD Y BOBL LO AUR O'U GEMAU A'I ADDOLI EF YN HYTRACH NA DUW.

Y LLO AUR

PEIDIWCH!

DYNA'R DIWEDD. FE ARWEINIAIS I CHI ALLAN O'R AIFFT, FE YMWAHANODD Y MÔR COCH, CAWSOCH FANNA YN EICH BRECHDANAU A PHEI SOFLIAR...

DW I'N YNFYD!

JOSUA, Y BOS

JOSUA DDAETH YN ARWEINYDD AR ÔL MOSES. ESBONIODD EFALLAI NA FYDDAI'R ISRAELIAID YN DERBYN CROESO MAWR YNG NGWLAD YR ADDEWID.

FELLY ANFONODD DDAU YSBÏWR I JERICHO I WELD A FYDDAI CROESO.

MAE'R CAEAD YN AGOR!

PA GAEAD?

AW!

YR HEN GAEAD 'NA!

UN O'R ISRAELIAID Y'CH CHI.

NA. GLANHAWYR CAEAD FFENESTRI.

DYW HI DDIM YN EIN CREDU.

RAHAB YDW I. CEWCH FY HELP, OND I CHI ADDO BOD YN GAREDIG WRTH FY NHEULU PAN DDAW EICH BYDDIN YMA.

OCE!

NI'N CHWILIO AM LANHAWYR FFENESTRI.

DIM YMA.

LLE DA I GUDDIO TAN BORE YFORY.

GALLWN WELD FY NHŶ ODDI YMA, PE BAI GEN I DŶ!

GAN GARIO'R ARCH ARBENNIG, CAMODD YR OFFEIRIAID I MEWN I'R AFON. AGORODD YR IORDDONEN A GADAEL I JOSUA A'I BOBL EI CHROESI.

34

CHWALU'R MUR

PAN DDYCHWELODD Y DDAU YSBÏWR AC ADRODD YR HANES, RHANNODD JOSUA EI GYNLLUN Â HWY.

AM CHWE DIWRNOD, GORYMDEITHION NHW YN SWNLLYD O GWMPAS Y DDINAS A CHWYTHU EU TRYMPEDI...

BYDDAN NHW YN DEFFRO FY MODRYB!

AR Y SEITHFED DYDD, SEINIODD Y TRYMPEDI, GWAEDDODD YR ISRAELIAID A CHWALODD MURIAU JERICHO.

CLYWAIS Y GALLAI MOCH HEDFAN... OND GWARTHEG!

DYMA RAHAB. HI WNAETH EIN GWARCHOD FEL GLANHAWYR CAEAD FFENESTRI!

WPS! O LEIAF GLANIAIS AR DIR MEDDAL!

35

RHYFELOEDD Y SEINTIAU

SISERA OEDD ARWEINYDD RHYFELGAR Y CANAANEAID, AC ROEDD YN MWYNHAU EI HOFF WEITHGAREDD SEF BRWYDRO YN ERBYN YR ISRAELIAID.

ROEDD GAN SISERA LYGAID AC WYNEB CREULON.

DOEDD BARAC, ARWEINYDD BYDDIN ISRAEL, DDIM MOR DDEWR.

CYFLE YN AWR I WELD BETH MAE DEBORA EI EISIAU.

GWRAIG DDOETH OEDD DEBORA.

HIA DEB, SORI 'MOD I'N HWYR. BRWYDR ARALL I'W HYMLADD.

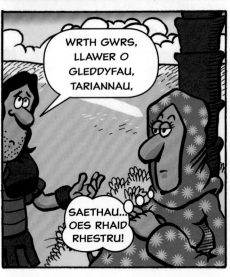

WRTH GWRS, LLAWER O GLEDDYFAU, TARIANNAU,

SAETHAU... OES RHAID RHESTRU!

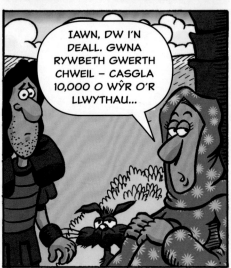

IAWN, DW I'N DEALL. GWNA RYWBETH GWERTH CHWEIL – CASGLA 10,000 O WŶR O'R LLWYTHAU...

FY NGHATH, BRYAN, BARATÔDD Y RHIFAU.

BOBL BACH. DW I 'DI DAL LLYGOD MWY GALLUOG!

YR ISRAELIAID
V
Y CANAANEAID

DIHANGODD SISERA...

DALIWCH I YMLADD, HOGIA. ANGHOFIAIS DDIFFODD Y NWY!

BLE MAE PABELL FY FFRIND... Y DEFAID DWL, GWNEWCH LE I FI.

JAEL! OES CYFLE I FI GUDDIO? UN O'R DIWRNODAU ERCHYLL 'NA O GOLLI BRWYDR.

CYSGA'N DAWEL AM DIPYN.

DIOLCH JAEL.

GA I DOST WEDYN A DIGON O FENYN ARNO? COFIA DORRI'R CRWSTYN!

PAID POENI. DYLAI HWN WNEUD I TI ANGHOFIO AM Y FRWYDR GAS.

CLEC!

YNA DAETH BARAC I CHWILIO AM SISERA...

JAEL, RHAID BOD SISERA WEDI BLINO – MAE'N DAL YN ANYMWYBODOL.

GIDEON AC YMOSODWYR YR ANIALWCH

GWELODD Y GŴR IFANC GIDEON, FEL ARWYDD GAN DDUW, GNU DAFAD AC ARNO WLITH Y BORE. FELLY, GWYDDAI Y GALLAI ENNILL Y DYDD YN ERBYN Y MIDIANIAID.

GA I 'NGHÔT 'NÔL PLÎS!

CASGLODD GIDEON FYDDIN YNGHYD OND DYWEDODD DUW WRTHO EI BOD YN RHY FAWR.

UNRHYW UN YN OFNUS? MAE'N IAWN, EWCH ADREF.

Y GWEDDILL, EWCH LAWR I LAN YR AFON AM DDIOD.

OES ANGEN EIN SIWT NOFIO?

YM! PENLINIAU BUDR. RHAID EU BOD WEDI PENLINIO I YFED.

MAE O LEIAF 300 WEDI DEFNYDDIO EU DWYLO I YFED. DYNION EFFRO, MI GYMERAF I NHW.

Y NOSON HONNO YNG NGWERSYLL Y MIDIANIAID.

MAE'R GIDEON 'NA YN 'Y NYCHRYN I.

TI DDIM 'DI GWELD DIM ETO.

CAFODD Y MIDIANIAID EU DEFFRO GAN WŶR GIDEON YN GWEIDDI AC YN CHWYTHU TRYMPEDI, WRTH GARIO TORCHAU TÂN. ROEDD Y MIDIANIAID WEDI DYCHRYN CYMAINT NES IDDYNT YMLADD YMHLITH EI GILYDD.

SAMSON Y CAWR

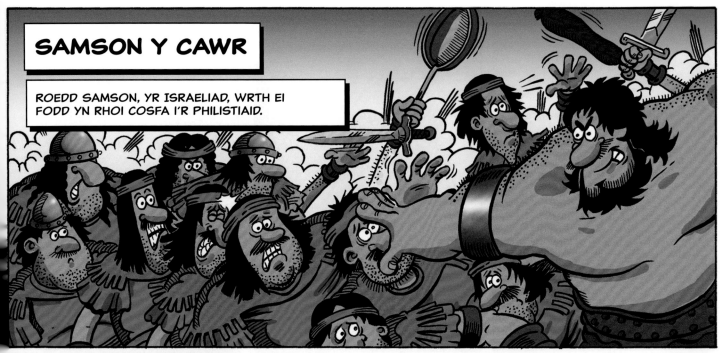

ROEDD SAMSON, YR ISRAELIAD, WRTH EI FODD YN RHOI COSFA I'R PHILISTIAID.

MWYNHEAIS I HWNNA – GWELA I CHI YFORY.

SYRTHIODD SAMSON MEWN CARIAD Â DELILA.

DIWRNOD CALED, CARIAD? RHAID I TI DDWEUD WRTHA I BETH SY'N DY WNEUD DI MOR GRYF A NERTHOL.

CEISIA 'NGHLYMU I Â 7 LLINYN BWA.

MAE BRENIN Y PHILISTIAID WEDI CYNNIG LLAWER O ARIAN I MI OS DOF O HYD I'W GYFRINACH

SNAP!

MAE'R PHILISTIAID YN DOD! Y PHILISTIAID YN ... O NA!

PING!

OCE – WYT TI'N ADDO Y GWNAIFF Y RHAFFAU NEWYDD 'MA DY DDAL DI?

FY MHABELL I

SORI, DELILA, RHAID I FI FYND – MAE'R PHILISTIAID YN GWNEUD LLANAST O'R ARDD.

39

DYWEDODD PETAWN I'N GWAU EI WALLT A'I GLOI Â PHIN, YNA BYDDAI'N WAN FEL BRWYNEN.

NEWYDD GOFIO. NOSON ALLAN GYDA'R HOGIA!

BETH?! DYNA'I DIWEDD HI.

OCE! MI DDYWEDA I. PETAI FY NGWALLT YN CAEL EI DORRI, MI GOLLWN FY NERTH.

BETH? DYNA I GYD?

Y NOSON HONNO.

MYND I RYWLE DA AR DY WYLIAU?

DALIODD Y PHILISTIAID EF. OND WRTH I SAMSON DRUAN EISTEDD YN EI GELL YN Y CARCHAR...

... TYFODD A THYFODD EI WALLT...

... TYFU A THYFU...

... AC AILENILLODD EI NERTH. CLYMODD Y PHILISTIAID EF WRTH BILERI EU TEML. CWYMPODD A CHWALODD Y PILERI, EU SŴN FEL TARAN.

FINNAU'N MEDDWL MAI WIG OEDD HI!

MAE HI AR BEN!

RUTH

TEITHIODD NAOMI A'I MERCH-YNG-NGHYFRAITH, RUTH, YMHELL O MOAB I DDECHRAU BYWYD NEWYDD.

BETHLEHEM
TROWCH I'R CHWITH WRTH Y FFYNNON NESAF

YN EISIAU: GWEITHWYR. POBL NEU DDEFAID!

WEL OS GALL DEFAID EI WNEUD, GALL UNRHYW UN.

GWELODD BOAS, Y TIRFEDDIANNWR, FOD RUTH YN DOD O WLAD DRAMOR, OND GWYDDAI EI BOD YN HELP MAWR I NAOMI.

GWNEWCH YN SIŴR FOD Y GWEITHWYR YN GADAEL LLONYDD I RUTH.

MAE BOAS YN GAREDIG YN GADAEL I MI GASGLU'R GRAWN.

MAE'N WAITH CALED.

MAE BOAS YN PERTHYN – MAE'N DY HOFFI DI. GWISGA DY BERSAWR GORAU A GOFYN IDDO.

CAFODD BOAS SIOC PAN OFYNNODD RUTH IDDO EI PHRIODI.

MAE HI MOR WYCH DY FOD TI WEDI PRIODI BOAS.

RY'N NI WEDI CAEL CARTRE NEWYDD A CHAIFF Y DEFAID BOB DYDD SADWRN YN RHYDD.

41

JOB

SATAN, DW I AM BROFI I TI, PETAI JOB DDIM YN CAEL BYWYD MOR BRAF, BYDDAI'N DAL I FY ADDOLI I.

CAFODD SATAN GANIATÂD I DDOD Â LLAWER O BROBLEMAU I JOB.

HE-HE. DYMA UN HER DW I'N MYND I'W HENNILL.

DYMA JOB, GWR HYFRYD YN MWYNHAU BYWYD NES...

YMOSODODD Y SABEAID A DWYN EI YCHEN A'I ASYNNOD...

... MWY O NEWYDDION DYCHRYNLLYD – CAFODD EI DDEFAID EU TARO GAN FELLT...

... GWNAETH Y CALDEAID DDWYN EI GAMELOD.

ROEDD HYD YN OED EI FFRINDIAU YN DDIWERTH.

DY FAI DI – YR HEN BENDDUOD YNA.

TA WAETH ...

BOIS BACH! MAE'N DAL I ADDOLI'R ARGLWYDD.

YN Y DIWEDD FELLY, ROEDD GAN JOB LAWER MWY NAG OEDD GANDDO I DDECHRAU.

42

BRENIN

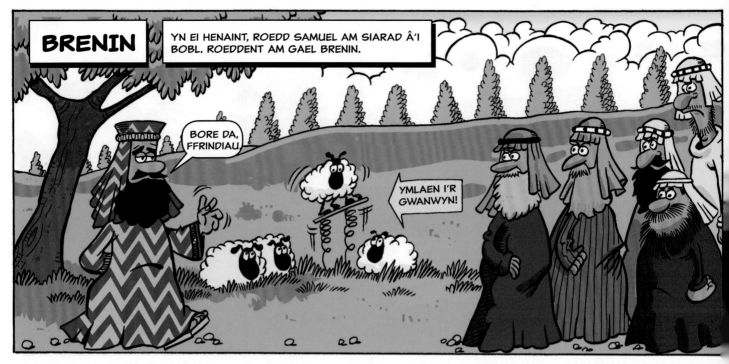

YN EI HENAINT, ROEDD SAMUEL AM SIARAD Â'I BOBL. ROEDDENT AM GAEL BRENIN.

BORE DA, FFRINDIAU.

YMLAEN I'R GWANWYN!

GADEWCH I FI DDEALL HYN. OS CAWN NI FRENIN, BYDDAI'N RHAID I'N PLANT FOD YN FILWYR?

BYDDAI'N RHAID I ERAILL AREDIG Y TIROEDD A CHYNAEAFU...

... HEB SÔN AM GOGINIO, POBI BARA A CHREU PERSAWR...

... HEFYD BYDDAI'N CYMRYD EIN GWEISION, GWARTHEG, ASYNNOD, DEFAID A'N CACENNAU.

OND DYWEDODD DUW WRTH SAMUEL AM ROI IDDYNT YR HYN ROEDDEN NHW EI EISIAU.

DYWEDODD DUW AM ROI I CHI YR HYN ROEDDECH EI EISIAU.

YN WIR?

OCE – GWEITHIO I NI!

WEL, WEL!

DEWISODD SAMUEL DDYN O'R ENW SAUL I FOD YN FRENIN.

DAFYDD, Y BUGAIL IFANC

TRODD Y BRENIN SAUL EI GEFN AR DDUW, FELLY CAFODD SAMUEL Y DASG O DDEWIS BRENIN ARALL. TRODD AT EI FFRIND JESSE.

FELLY, HOFFET TI GYFARFOD Â FY MEIBION – BECHGYN DA I GYD.

WNEI DI DDIM CYFARFOD Â BECHGYN GWELL A MWY BRENHINOL YN UNMAN.

OND, BETH AM DY FAB IAU?

O! BETH YW 'I ENW 'FYD, DAFYDD. GWEITHIWR CALED A BUGAIL DA.

GWEITHIWR CALED?

DW I'N DEALL BETH TI'N FEDDWL – GWEITHIWR CALED!

HEI DAD, A THI'R BARFOG...

TI 'DI CWRDD Â'R DDAFAD NEWYDD, BAM?

DYMA'R UN.

DEUNYDD BRENIN. BAM Y DDAFAD? O WEL, DUW SY'N GWYBOD ORAU.

DAFYDD DDEWISODD SAMUEL I FOD YN FRENIN I DDILYN SAUL.

45

DAFYDD A'I FFON DAFL

TAN HYNNY...

DYMA'R BYWYD – TYWYDD BRAF, CYFLE I CHWARAE'R DELYN, GWARCHOD Y DEFAID A HEFYD Y LLEWOD... A'R EIRTH...

TWANG!

LLEWOD AC EIRTH! DIOLCH BYTH, GALLA I DDEFNYDDIO TANNAU'R DELYN FEL FFON DAFL.

MAE EI CHWARAE GWAEL YN WELL NA HYN!

FY MAB, DW I AM I TI FYND Â BASGEDAID O FWYD I DY FRODYR.

MAEN NHW AR FAES Y GAD YN YMLADD Y PHILISTIAID.

GOLIATH YDW I. DEWISWCH DDYN I YMLADD YN FY ERBYN.

PAM NA WNEWCH CHI RYWBETH?

BACHGEN WYT TI, MA FE'N GAWR! OCE?

Y BACHGEN DDAETH Â'R BRECHDANAU. GALLWN ROI FY ARFWISG IDDO A 'NGHLEDDYF.

GADAWODD SAUL I DAFYDD YMLADD YN ERBYN GOLIATH.

PAID POENI, DYFI DI I'W FFITIO. HA HA...

GWN BE DW I EISIAU!

DEST TI YMA YN ENW DY DDUW DI. DES I YMA YN ENW DUW ISRAEL.

TWANG

FELLY, DAETH DAFYDD YN ARWR DROS NOS A MWYNHAODD Y BOBL EI FRECHDANAU HEFYD.

46

SALM 23
GAN DAFYDD

YR ARGLWYDD YW FY MUGAIL; MAE GEN I BOB DIM. GALLAF YMLACIO MEWN CAEAU GWYRDDION WRTH LYNNOEDD TAWEL A HYFRYD.

GWNA I FI DEIMLO'N GRYF AC FE'M HARWAIN AR Y LLWYBR CYWIR.

I'R DDE

IE, I'R DDE...

HYD YN OED MEWN MANNAU TYWYLL, BYDD YR ARGLWYDD YN FY AMDDIFFYN Â'I FFON A'I BASTWN.

GWNAIFF BARATOI GWLEDD ARBENNIG I MI, DIGON O FWYD A DANTEITHION; BYDD Y RHAI SY'N FY NGHASÁU YN GWASGU EU TRWYNAU YN Y FFENESTRI. LLENWITH EF FY NGHWPAN Â'M HOFF DDIODYDD.

BYDD EI OFAL TYNER GEN I DRWY'R ADEG A BYDD EI DDRWS YN AGORED I MI AM BYTH.

47

DAFYDD YN CYFARFOD BATHSEBA

FEL BRENIN, CREDAI DAFYDD FOD GANDDO BOB DIM, NES Y CYFARFU Â BATHSEBA.

OND ROEDD GANDDO BROBLEM. ROEDD EI GŴR, WREIA, YN SWYDDOG YM MYDDIN DAFYDD – OS NA ...

OCE, JOAB, PAN GYRHAEDDI DI RENG FLAEN Y FRWYDR, CILIA GAN ADAEL WREIA AR EI BEN EI HUN YNO.

IAWN DDYNION, BUDDUGOLIAETH I'R BRENIN DAFYDD A...

DDYNION?

CILIWCH!

CAFODD WREIA EI LADD AC AETH BATHSEBA I'R PALAS.

BATHSEBA... BATHSEBA...

RWY'N RHOI BACH I SHEBA, EICH MAWRHYDI.

YN DDIWEDDARACH...

... AC FELLY, YN LLE LLADD UN O'R NIFEROEDD O'I WARTHEG NEU EI DDEFAID EI HUN, LLADDODD Y GŴR CYFOETHOG UNIG OEN Y GŴR TLAWD.

DDIM YN NEIS IAWN.

SIOE PERO'R PROFFWYD

WRTH GWRS NAG OEDD E'N NEIS, Y FFŴL – TI YW'R DYN CYFOETHOG!

YN YSTOD EI FYWYD GWNAETH DAFYDD LAWER O GAMGYMERIADAU OND CAFODD EF A BATHSEBA FAB ENWOG IAWN O'R ENW SOLOMON.

CREODD Y BRENIN DAFYDD DÎM ARBENNIG IAWN O'R ENW 'Y TRI DEWR'. ROEDD Y TRI'N DDAWNUS AC YN GRYF. IASHOFAM YR HACHMONIAD OEDD PENNAETH 'Y TRI'. ARWR A AETH I FRWYDR EI HUN AC A LADDODD 800 O DDYNION Â'I WAYWFFON.

ARWYR

RHODDODD ELEASAR FAB DODO (IE, YN WIR) GYMORTH MAWR IDDO MEWN BRWYDR YN ERBYN Y PHILISTIAID. WRTH I WEDDILL LLUOEDD BRENIN ISRAEL FFOI, SAFODD YNTAU EI DIR AC YMLADD MOR GALED NES BOD EI GLEDDYF WEDI GLUDO YN EI LAW, AC ENILLODD FUDDUGOLIAETH.

WYNEBODD SAMMA FAB AGE FYDDIN FAWR O PHILISTIAID AR EI BEN EI HUN MEWN CAE O FFACBYS. FFOI WNAETH BYDDIN ISRAEL OND DALIODD SAMMA EI DIR, AMDDIFFYN Y CAE AC ENNILL BUDDUGOLIAETH. DATHLODD DRWY FWYTA DYSGLAID AR ÔL DYSGLAID O GAWL PYS!

ARWYR MAWR Y BEIBL, AC ARWYR MAWR Y DYDDIAU GYNT: Y TRI.

49

Y GALLUOG SOLOMON

WEDI I DAFYDD FARW, DAETH EI FAB, SOLOMON, YN FRENIN.

SOLOMON, DEFFRA! RHODDAF I TI UNRHYW ANRHEG RWYT YN EI DDYMUNO.

DWY AWR YCHWANEGOL O GWSG, PLÎS.

OCE, O FEDDWL AM HYN: BARF DACLUSACH, HET FAWR, FAWR A CHATH FRITH...

DYMA'R ATEB. SOLOMON Y BRENIN GALLUOG MEWN DILLAD LLIWGAR.

Y DIWRNOD WEDYN...

FY MABI I YW E.

NAGE.

IE.

HANNER YN HANNER?

TEIMLO'N SÂL.

FINNAU 'FYD.

ARHOSWCH, GALL HI GAEL FY MABAN HYFRYD I.

RHOWCH Y BABAN I'R WRAIG A SIARADODD – HI SYDD O DDIFRIF.

AC FELLY LLEDAENODD DOETHINEB Y BRENIN DRWY'R WLAD A THYFODD Y BABAN, ER EI FOD YN DAL YN UN HYLL IAWN.

DOETHINEB AM BYTH

MAE LLYFR Y DIARHEBION YN CYNNIG CYNGHORION DA.

GWNAIFF DIOGI CHI'N DLAWD. DRWY WEITHIO'N GALED DOWCH YN GYFOETHOG.

MAE RHAI POBL YN RHY DDIOG I ROI BWYD YN EU CEGAU.

MAE ATEB GONEST YN ARWYDD O FOD YN WIR FFRINDIAU.

MAE'N WELL I TI GYFARFOD ARTH FAWR A'I CHENAWON WEDI EU DWYN NAG Â FFŴL SY'N YMWNEUD Â PHROSIECT DWL.

O DREULIO DY AMSER YN Y GWELY, BYDDI'N DLAWD. CADWA'N BRYSUR A BYDD GEN TI DDIGON I'W FWYTA.

MOR BRAF DOD O HYD I'R GAIR CYWIR AR YR ADEGAU CYWIR.

HETIAU
HARDD ESTHER
HYLL

Y DA, Y DRWG A'R HYLL

WEDI I SOLOMON FARW DAETH REHOBOAM YN FRENIN, OND YN ANFFODUS, UN DIGON ARAF A DWL OEDD EF.

FEL CYNGHORWYR, RYDYM NI YMA I ROI TI REOLI'R BOBL.

GWELL CYFLOGAU, MWY O WYLIAU...

DIGON! MAE GEN I FFRINDIAU I GYNNIG CYNGOR. DW I DDIM YN DDWL, CHI'N GWYBOD.

ER, YES HE IS.

GWRANDA ARNA I DY FFRIND, SID DREWLLYD. BYDDAI'N SYNIAD DA CODI EU TRETHI...

... A'I ROI I NI I OFALU AMDANO....

DIM RHAGOR O ANIFEILIAID ANWES, NA CHACENNAU PEN-BLWYDD.

CHI'N IAWN. CYTUNO, MI WNA I HYNNA.

A DYNA SUT Y DAETH REHOBOAM I GAEL EI GYDNABOD YN FRENIN DWL.

MAE GAN Y BRENIN FARF OFNADWY!

DIGON YW DIGON!

RHANNODD Y FRENHINIAETH YN DDWY: JWDA AC ISRAEL.

ELIAS Y PROFFWYD

DW I'N ILDIO. PAM BOD YN RHAID I ELIAS DDWEUD PETHAU ERCHYLL AMDANAF I?

AM DY FOD YN FRENIN ERCHYLL.

ROEDD ELIAS YN BROFFWYD YN YSTOD TEYRNASIAD AHAB, BRENIN ISRAEL.

MAE'R BRENIN AHAB YN DREW!

OND DW I'N GAREDIG – BOB AMSER YN GWENU WRTH GASGLU EU TRETHI.

FE DDANGOSA I IDDYN NHW 'MOD I'N WELL NAG ELIAS – CODA I EU CALONNAU.

DOEDD HYD YN OED YR ANIFEILIAID DDIM YN HOFFI AHAB.

BŴ!

PWY WNAETH HYNNA? CHI'N CUDDIO ON'D Y'CH CHI?

MAE BRENIN HAPUS YN SICRHAU POBL HAPUS. CES FY NGENI I FOD YN WYLLT.

AHAB 1

ELIAS!

ALLAN O'R FFORDD, TRWYN MAWR, Y PROFFWYD LLEOL YN DOD HEIBIO.

RHODDODD ELIAS GYMORTH I'R GWEDDWON A CHREU GLAW ADEG SYCHDWR.

PARHAODD AHAB I FOD YN FRENIN ERCHYLL A DALIAI'R ANIFEILIAID I CHWYTHU MAFON ATO.

ELIAS A PHROFFWYDI BAAL

DAETH YN BRYD RHOI PRAWF I BENDERFYNU PWY OEDD Y GWIR DDUW: UN ELIAS NEU DDUWIAU PROFFWYDI BAAL.

AMDANI ELIAS!

NOSON ARBENNIG YN

STADIWM MYNYDD CARMEL

YN CYFLWYNO ...
ELIAS Y PROFFWYD PENBOETH
V
PROFFWYDI BRAWYCHUS BAAL

O'R GORAU, RY'N NI AM YMLADDFA LÂN.

YR UN A LWYDDA I ROI'R ALLOR AR DÂN FYDD YN CREDU YN Y GWIR DDUW.

YNA, PERFFORMIODD PROFFWYDI BAAL DDAWNS AFON YR IORDDONEN YNG NGHWMNI DAFAD DALENTOG...

... BU LLAWER O WEDDÏO BRWD A SWNLLYD I DDILYN.

DDIGWYDDODD DIM BYD, FELLY, TRO ELIAS OEDD HI NESAF. ARLLWYSODD DDWR DROS YR ALLOR NES EI BOD YN SOCIAN.

ANFONODD DUW DÂN.

DYNA BETH DW I'N GALW'N DÂN.

ELIAS   1
PROFFWYDI BAAL   0

SIOE A HANNER!

ESEIA – DYDD YR ARGLWYDD

DEWCH I GYFARFOD AG ESEIA. ROEDD YN BOBLOGAIDD GYDA PHLANT ERAILL YR ARDAL – HYD YN OED GYDA'R GATH.

WRTH DYFU...

WOW! MAE GEN I SYNIADAU.

MAE GEN I SYNIADAU MAWR.

SYNIADAU GWELL, HYD YN OED.

UN DIWRNOD RHODDODD DUW IDDO'R SYNIADAU GORAU A GAWSAI ERIOED.

RHODDODD DUW WELEDIGAETH ARBENNIG IDDO – RHYWUN A FYDDAI'N DOD I ROI CYMORTH I'W BOBL. BYDDAI'N WAHANOL, AC YN WELL NA DIM, BYDDAI'N FRENIN.

BRENIN HESECEIA O JWDA

O LINACH DAFYDD ROEDD Y BRENIN HESECEIA YN DOD AC ROEDD YN AWYDDUS I BLESIO DUW DRWY GAEL GWARED AR LAWER O DDELWAU FFUG.

TA WAETH, DOEDD EF DDIM WEDI YSTYRIED...

... FOD YR ASYRIAID AR EU FFORDD YN EDRYCH YN FYGYTHIOL. ROEDDENT EISOES WEDI CONCRO BRENHINIAETH ISRAEL.

ROEDD GAN SENACHERIB (ASENNA I'W FFRINDIAU), YMERAWDWR ASYRIA, LAWER O AUR AC ARIAN OND ETO I GYD YMOSODODD AR JERWSALEM.

GOFYNNODD HESECEIA I DDUW AM GYMORTH.

ANFONODD DUW ANGEL A HWNNW'N ANGEL ANFERTH ...

... IE, ANGEL ANFERTH.

CAFODD BYDDIN YR ASYRIAID EU DINISTRIO. AETH YR YMERAWDWR ADREF.

WEDI DIOLCH I DDUW AM EI HELP AETH HESECEIA ATI I LENWI'R TWLL ANFERTH A ADAWYD GAN YR ANGEL.

59

Y BACHGEN A'R BRENIN JOSEIA

BACHGEN WYTH OED OEDD JOSEIA PAN DDAETH YN FRENIN. EF OEDD YN RHEOLI'R WLAD, YN BWYTA LLAWER O GACENNAU MELYS A CHWARAE PÊL-DROED DAIR GWAITH YR WYTHNOS.

DAETH CHILCEIA, YR ARCHOFFEIRIAD, O HYD I HEN LYFR CYFREITHIOL A'I ROI IDDO I'W DDARLLEN.

MAE HWN YN LLAWN 'GWNEWCH' A 'PHEIDIWCH'.

GWYCH! DYMA HULDA Y PROFFWYD.

BYDD YN RHAID DILYN LLYTHYREN Y DDEDDF. DEALL?

CAFODD TU MEWN A THU ALLAN TEML JERWSALEM EU HATGYWEIRIO.

MAE'R DEML YN CAEL EI THACLUSO'N FANWL, MAE'R GWEITHWYR AR GYFLOGAU DA A CHAFODD PAPURAU'R PAGANIAID EU TAFLU.

GWYCH! DW I WEDI GWNEUD POB DIM SYDD YN RHAID EI WNEUD. WNAIFF HULDA DDIM YMWELD ETO.

DYWEDODD JOSEIA WRTH EI BOBL Y BYDDAI EU DYFODOL YN LLEWYRCHUS, DIM OND IDDYN NHW FYW YN ÔL LLYFR Y GYFRAITH.

GAWN NI FELLY FWYTA CACENNAU MELYS A CHWARAE PÊL-DROED HEFYD?

MR STYFNIG

 OND, WNAETH POBL JWDA DDIM PARCHU'R GYFRAITH. YNG NGWEITHDY Y CROCHENYDD...

YM...

DW I, JEREMEIA Y PROFFWYD, YN DWEUD WRTHOCH CHI, OS NA WNEWCH CHI NEWID EICH FFYRDD BYDD JWDA YN CWYMPO FEL HYN...

... FFIOL RWBER ORAU MODRYB YW HI.

OS NA NEWIDIWCH EICH FFYRDD BYDD JWDA YN NEIDIO FEL Y FFIOL RWBER.

YDY E'N MEDDWL BETH MAE'N DDWEUD?

SGRÔL YW HON SY'N DWEUD SUT MAE NEWID EICH FFYRDD, FEL Y GALL DUW EICH ACHUB.

DROS 20 MLYNEDD YN DDIWEDDARACH...

GA I YCHWANEGU, BARUCH YW FY ENW A JEREMEIA WNAETH I FI WNEUD HYN.

POSTERI I'R SIOP YN BAROD, EICH MAWRHYDI.

DAETH Y BABILONIAID AC YMADAEL GAN ADAEL SEDECEIA I LYWODRAETHU.

GYDA JEREMEIA YN CWYNO A'R BABILONIAID YN YMOSOD, RHAID CAEL CYMORTH ODDI WRTH YR EIFFTIAID.

HELO, YR AIFFT SYDD YNA?

DAETH Y BABILONIAID UNWAITH ETO...

GADAWODD Y BABILONIAID I YMLADD YN ERBYN YR EIFFTIAID.

HELÔ, PHARO YMA...

LLUN O ANUBIS DDWEDAIS I.

CAFODD JEREMEIA EI ROI YNG NGWAELOD FFYNNON.

WEL, WEL, DYNA LANAST.

WEDI I UN O WEISION Y PLAS SIARAD AR EI RAN CAFODD JEREMEIA EI RYDDHAU O'R FFYNNON A CHAFODD FYND I LEDAENU EI NEGES.

OND DAETH Y BABILONIAID UNWAITH ETO A DINISTRIO JERWSALEM.

AR WIB

ESECIEL, MAE'N BRYD CAEL SGWRS.

ROEDD YN DDIWRNOD GWAEL I'R IDDEWON. CAWSANT EU HANFON I BABILON AC YNO ROEDDEN NHW AR LAN AFON YN METHU SYMUD.

DANGOSA I RYWBETH ARBENNIG I TI A WNAIFF GODI DY GALON DI A'TH BOBL.

WOW! BETH YW'R SŴN UCHEL 'NA? ADERYN YW E? AWYREN NAD YW WEDI EI CHREU ETO? DYMA ... DYMA...

YEP, DYMA FY MODUR 4 LITR AC IDDO ADENYDD A PHŴER TÂN.

FELLY, FEL RY'CH CHI'N GALLU GWELD, WAETH BETH DDIGWYDD, MAE DUW GYDA NI YN GADARN IAWN.

MEWN RHYWBETH MAWR SY'N HEDFAN.

DANIEL

DANIEL? PAM NA ALLI DI GAEL ENW SYML FEL SHADRACH, MESHACH NEU ABEDNEGO?

CYMERODD Y BRENIN NEBWCHADNESAR O BABILON DDYNION IFANC IDDEWIG I WEITHIO YN EI LYS. ROEDD YN RHAID IDDYNT FOD YN DDEALLUS A CHRYF CYN CAEL Y GWAITH.

DALIAI'R BRENIN I GAEL BREUDDWYD OFNADWY.

YCH. WEDI CAEL BREUDDWYD ERCHYLL ARALL.

NI NEWYDD DDWEUD HYNNY.

OCE, CHI YW FY NEWINIAID A'M SWYNWYR GORAU.

RHAID I CHI DDWEUD BETH OEDD Y FREUDDWYD A BETH OEDD EI HYSTYR!

EW, GAWN NI AWGRYM?

DIM AWGRYMIADAU! DIM ATEBION! DIM DEWINIAID. DEALL?

DYWEDWYD WRTHO Y GALLAI DUW DANIEL FOD O GYMORTH.

CLYWAIS Y GELLI HELPU.

NEWYDD DDWEUD HYNNY!

EICH MAWRHYDI, YN EICH BREUDDWYD GWELSOCH CHI GERFLUN ANFERTH, EI BEN O AUR, EI FREST A'I FREICHIAU O ARIAN, EI GLUNIAU YN BRES A'I DRAED O GLAI. FE CHWALODD CARREG FAWR EF YN DDARNAU MÂN. SORI.

ROEDD Y BRENIN MOR FALCH FEL Y RHODDODD LAWER O ANRHEGION I DANIEL A SWYDD DDA.

ER NAD OEDD GANDDO ENW SYML FEL SHADRACH!

63

CODODD Y BRENIN GERFLUN ANFERTH OHONO EF EI HUN MEWN AUR. ROEDD YN RHAID I BAWB YMGRYMU AC ADDOLI'R CERFLUN NEU...

WEL, WEL, DYMA SHADRACH, MESHACH AC ABEDNEGO.

AM I CHI WRTHOD YMGRYMU, GWNA I GYFLWYNO GWRES CANOLOG I CHI.

CAWSANT EU CYMRYD I FFWRNAIS DANLLYD.

DW I EISIAU HI SAITH GWAITH YN BOETHACH.

YN SYDYN...

ALLA I DDIM CREDU. DYN NHW DDIM WEDI DEIFIO NA RHUDDO HEB SÔN AM LOSGI!

AC ERBYN HYN MAE PEDWAR OHONYN NHW.

ANGHREDADWY. MAE'N BRYD I FI NEWID FY FFORDD.

FI HEFYD, FE REDAF I'R STAFELL 'MOLCHI.

RHAID I MI DDANGOS PARCH I CHI AC I'CH DUW.

YN WIR, RHAID I BAWB DDANGOS PARCH I'R DUW RYDYCH YN CREDU YNDDO.

HM, DW I DDIM EISIAU GWASTRAFFU'R HOLL WRES YMA.

YCHYDIG WEDYN... CONCRODD Y MEDIAID A'R PERSIAID BABILON. Y BRENIN DAREIUS OEDD YN RHEOLI A BWRIADAI ROI DANIEL YNG NGOFAL Y FRENHINIAETH, OND ROEDD GAN Y LLYWODRAETHWYR GYNLLUNIAU ERAILL.

MAE'N BRYD CAEL GWARED AR DANIEL.

DYWEDWN WRTH Y BRENIN NAD YW DANIEL WEDI BOD YN UFUDD A GWNAWN I DANIEL WYNEBU'R ANIFEILIAID MWYAF PERYGLUS.

DEFAID SY'N BWYTA DYNION?

NEU FOCH CWTA NERTHOL A MWYAF ANGHEUOL.

UNRHYW BETH OND MOCH CWTA NERTHOL A MWYAF ANGHEUOL.

GOBEITHIO NAD OES GEN TI ALERGEDD I GATHOD!

LLWYDDIANT!

BWYDLEN HEDDIW

DANIEL

... AC WEDI CHWARAE HYN,

GALLWN CHWARAE GÊMAU BWRDD, FEL LIWDO, A PHÊL-DROED AR FWRDD.

DW I'N CREDU 'MOD I'N BREUDDWYDIO.

ROEDD Y BRENIN DAREIUS YN POENI NA WNAETHAI DDIGON I ACHUB DANIEL.

YM, DANIEL? WYT TI'N DAL MEWN UN DARN?

FRENIN DAREIUS, CHREDWCH CHI DDIM. DW I WEDI ENNILL TAIR GÊM YN OLYNOL..

65

Y BRIODASFERCH

DAETH YN BRYD I'R BRENIN AHASFERUS O PERSIA DDEWIS BRENHINES NEWYDD.

GA I GYFLWYNO FY NGHYFNITHER, ESTHER. MI WNÂI HI WRAIG BERFFAITH.

HM, EFALLAI FOD MORDECAI YN IAWN.

MAE HI'N ALLUOG AC YN BRYDFERTH, OND ALL HI WNEUD CACEN AFALAU FRENHINOL?

OND, ROEDD Y PRIF WEINIDOG, HAMAN, YN EIDDIGEDDUS.

DRATO, MAE ESTHER A'I CHEFNDER YN FFEFRYNNAU MAWR GAN Y BRENIN.

EICH MAWRHYDI BARFOG, MAE GEN I GYNLLUN ARBENNIG...

BETH? MAE HAMAN YN CYNLLUNIO CAEL GWARED AR BAWB NAD YDYNT YN FODLON PENLINIO O'I FLAEN. BYDD HYNNY YN CYNNWYS MORDECAI.

GWAHODDODD ESTHER Y BRENIN A HAMAN I GINIO.

HOT MAIL.

BATH POETH.

CYFLE I GAEL GWARED AR MORDECAI. GOBEITHIO FOD POB DIM YN EI LE AR Y GROCBREN.

CROC-BRENNAU

OND NEWIDIODD PETHAU. DERBYNIODD MORDECAI FANTELL FRENHINOL A CHAEL EI ARWAIN DRWY'R DDINAS GAN HAMAN.

NI'N CARU MORDECAI.

DW I WEDI DOD O HYD I DY GYNLLWYN I GAEL GWARED AR MORDECAI A'I BOBL.

SYRTHIODD Y BAI I GYD AR HAMAN. GOBEITHIAI ERBYN HYN FOD RHAI PETHAU AR GOLL AR Y GROCBREN!

CROCBRENNAU

JONA YN CWYNO

Y LLEWOD YN Y BEIBL

RY'N NI WEDI MWYNHAU STORÏAU AM LEWOD YN Y BEIBL. OND MAE LLUN GRŴP O ANIFEILIAID YN YR ARCH YN DANGOS NAD OEDD CROESO IDDYNT GAN ANIFEILIAID ERAILL BOB AMSER.

MAE STORI SAMSON YN DWEUD SUT Y BYDDAI EF YN ENNILL BOB AMSER YN ERBYN Y LLEWOD – MEWN PÊL-FASGED FEL ARFER.

3	0
SAMSON	LLEWOD

MAE'R CYFEIRIAD AT Y LLEWOD YN HANES DANIEL YN DANGOS BOD GANDDYNT DDIDDORDEBAU ERAILL FEL SNWCER, CYFRIFIADURON A GÊMAU BWRDD.

NODER
OPSIWN
LLYSIEUOL
AR GAEL

WRTH GYFEIRIO AT Y FFAITH Y BYDD Y LLEW A'R OEN YN RHANNU YSTAFELL RHYW DDYDD, DYW'R BEIBL DDIM YN SÔN PA UN FYDD YN DWYN Y DILLAD GWELY I GYD!

RHESYMAU
DROS BEIDIO
BWYTA EICH
FFRIND

69

ASYNNOD YN Y BEIBL

MAE I ASYNNOD LE AMLWG YN STORÏAU'R BEIBL.

MAE STORI, WRTH GWRS, AM SUT Y GWNAETH SAMSON YMLADD YN ERBYN Y PHILISTIAID GYDA DIM OND ASGWRN GÊN ASYN FEL ARF.

OND SYMUDWN NI YMLAEN...

ANFONODD BALAC, BRENIN Y MOABIAID, Y SWYNWR BALAAM I ATAL YR ISRAELIAID, OND GWNAETH YR ARGLWYDD I'R ASYN SIARAD Â BALAAM.

DIM O GWBL – MAE DYN BLIN A CHANDDO ADENYDD A CHLEDDYF AR DÂN, A HWNNW'N EIRIAS.

WYT TI'N WALLGO? DOES NEB YMA, A PHRYD ROEDDET TI'N MYND I DDWEUD WRTHA I DY FOD YN GALLU SIARAD?

ALLA I DDIM CREDU 'MOD I'N SIARAD AG... ANGEL A CHANDDO GLEDDYF EIRIAS.

HELÔ SYR.

Y TRO NESAF, GWRANDA AR YR ASYN.

FELLY, PENDERFYNODD BALAAM FENDITHIO'R ISRAELIAID.

... CHAFODD E DDIM GAIR I MEWN GAN YR ASYN.

CHWARAEODD ASYNNOD RAN BWYSIG YNG NGHYNLLUN DUW DRWY FYND Â MAIR A JOSEFF I FETHLEHEM I ENI'R BABAN IESU...

... AC ASYN A GARIODD IESU I MEWN I JERWSALEM AR Y DYDD A ELWIR SUL Y BLODAU I ŴYL Y BARA CROYW.

CROESO I'R WLAD NEWYDD

YN SICR, MAE LLAWER WEDI NEWID YMA.

MAE'R RHUFEINIWR YN Y CLWB RHEDEG – EI ENW YW MAXIMUS VELOCITAS.

LLAWER O BYSGOTWYR YMA – DYNA PAM MAE'R CATHOD YN EU HOFFI.

OS AIFF HETIAU'R OFFEIRIAID YN UWCH, BYDDAN NHW'N BWRW'R TO.

Y BUGEILIAID YN EDRYCH YN HAPUS – YN BWYTA DIGON O BASTAI'R BUGAIL SIŴR O FOD. DEALL?

EBWCH.

GORCHUDD I'R BARF AR GYFER POB ACHLYSUR

BWYDYDD SAWRUS SAUL

DYNA MAIR. BYDD YN CHWARAE RHAN BWYSIG YN EIN STORI.

CAMELOD AIL-LAW

CAMELOD CEFNGRWM – GALLANT FYND O DAN BONTYDD CRWCA! WNAIFF FY JÔCS DDIM GWELLA GWELL SYMUD YMLAEN.

STORI HAPUS

CROESO I NASARETH YN GALILEA. LLE TAWEL, FAWR DDIM YN DIGWYDD, DIM OND GWERTHWYR CAMELOD WRTH EU GWAITH, GWERTHWYR CACENNAU A LLAWER O RUFEINIAID...

CAMELOD AIL-LAW

BAGELAU

... A'U LLINELLAU MELYN DWL ...

... A THOCYNNAU PARCIO I DDEFAID!

OND, MAE HEDDIW'N WAHANOL. DYMA MAIR, AC MAE EI BYWYD HI AR FIN NEWID!

GORCHUDD I'R BARF AR GYFER POB ACHLYSUR

BWYDYDD SAWRUS SAUL!

CICIA FI

AROS MAIR – FY ENW YW GABRIEL...

GAB I FY FFRINDIE. MAE GEN I NEGES ARBENNIG I TI.

NAWR, BLE MAE E?

DYNA NEIS, MAE GEN TI BOCEDI.

Y NEGESYDD GAB WEDI LLWYDDO ETO. DYMA TI.

Y BREUDDWYDIWR

TORRODD MAIR Y NEWYDDION I'W CHARIAD, JOSEFF, WRTH I DDAFAD FETHU TWYLLO'R RHUFEINIAID.

DW I'N GWYBOD EIN BOD NI WEDI DYWEDDÏO, OND DAETH NEGES ODDI WRTH YR ARGLWYDD 'MOD I'N DISGWYL BABAN, BACHGEN O'R ENW IESU.

DRUAN O JOSEFF, HEN FOI IAWN...

DOEDD E DDIM EISIAU CREU SIARAD, RHAG I MAIR GAEL ENW DRWG.

FELLY CYNLLUNIODD YMWAHANU ODDI WRTHI'N DAWEL.

DYMA DDIWRNOD – GALLWN DYNGU 'MOD I WEDI GWELD DAFAD YN CAEL EI HARESTIO HEFYD.

HIA JOSEFF. GAB YMA. YN SYML...

ZZZZZZZZZZ

... ANGEN I TI BRIODI MAIR, MERCH HYFRYD...

YR ARGLWYDD RODDODD Y BABAN ARBENNIG HWN IDDI.

EI ENW YW IESU. HWYL!

DW I NEWYDD GAEL YMWELIAD GAN Y POSTMON A AETH Â'R CERBYD RHYFEL I RIF 3.

MAE'N ADEG Y CYFRIFIAD: Y RHUFEINIAID WRTH EU BODD YN CYFRIF Y BOBL YN EU HYMERODRAETH.

ROEDD YN RHAID I JOSEFF DDYCHWELYD FELLY I'W GARTREF YM METHLEHEM. ROEDD MAIR DRUAN BRON YN BAROD I ENI'R BABAN IESU.

BYDDAI'N HAWS MEWN CERBYD RHYFEL.

ROEDD BETHLEHEM DAN EI SANG.

CROESO I FETHLEHEM

ANODD OEDD DOD O HYD I LE I GYSGU.

DIM BABANOD ASYNNOD RHUFEINIAID

CWRDDON NHW Â DYN A DDANGOSODD ADEILAD LLE ROEDD ANIFEILIAID YN CAEL EU CADW.

ARHOSWCH TU ALLAN AM FUNUD – GALL HYN GYMRYD OESOEDD.

Y NOSON HONNO...

FEL YR ADDAWODD YR ARGLWYDD, CAFODD MAIR FABAN HYFRYD AC ENWYD EF YN IESU.

CHWEDLAU'R DEFAID

Y NOSON HONNO ROEDD BUGEILIAID YN GOFALU AM EU DEFAID AC YN MWYNHAU EU CACENNAU.

HELÔ, FUGEILIAID!

ALIWN!

GAB YW'R ENW, A'R NEGES...

... NEWYDDION DA. HAPUSRWYDD MAWR! GANWYD EICH GWAREDWR HEDDIW.

EF YW CRIST YR ARGLWYDD A ANWYD YN NHREF DAFYDD...

... NEU ENW ARALL, YM METHLEHEM!

WNEWCH CHI MO'I FETHU – MAE'N GORWEDD MEWN PRESEB Â LLIEINIAU AMDANO.

AETH Y BUGEILIAID AR FRYS I FETHLEHEM AC WEDI GWELD IESU ROEDDENT WRTH EU BODD.

YN AWR CERDDORIAETH GAN Y BAND!

PITI, DOES NEB YN CHWARE'R TRIONGL!

ANNA

YN JERWSALEM AETH MAIR A JOSEFF Â IESU I'R DEML I'W OFFRYMU I DDUW. YN ÔL Y TRADDODIAD, CAFODD DWY GOLOMEN EU CYNNIG IDDO.

YN Y DEML, ROEDD HEN BROFFWYDES O'R ENW ANNA NA WNAETH ERIOED GRWYDRO ODDI YNO. BYDDAI YNO'N GWEDDÏO DDYDD A NOS...

... NOS A DYDD, NOS A DYDD...

... NOS A DYDD, NOS A DYDD...

DW I'N CREDU EICH BOD YN DEALL BELLACH.

YN SYDYN!

BENDITH ARNAF. EF YW E.

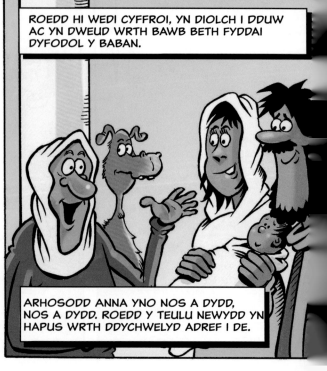

ROEDD HI WEDI CYFFROI, YN DIOLCH I DDUW AC YN DWEUD WRTH BAWB BETH FYDDAI DYFODOL Y BABAN.

ARHOSODD ANNA YNO NOS A DYDD, NOS A DYDD. ROEDD Y TEULU NEWYDD YN HAPUS WRTH DDYCHWELYD ADREF I DE.

DILYN Y SÊR

YN YSTOD Y CYFNOD HWN DAETH DYNION O'R DWYRAIN, A OEDD YN ASTUDIO'R SÊR, I CHWILIO AM Y BABAN A ANWYD I FOD YN FRENIN YR IDDEWON.

POPETH AM Y SÊR

ATGOFFA FI O'R NADOLIG!

RY'N NI AR Y LLWYBR IAWN – MAE SEREN DDISGLAIR YN Y FFURFAFEN YN EIN HARWAIN.

EFALLAI GALL Y BRENIN LLEOL EIN CYNORTHWYO – GOFYNNWN IDDO.

DDYLET TI DDWEUD WRTHO NEU DDYLWN I?

EDRYCH FEL Y LLE IAWN. CROESAWGAR, ON'D YDY?

OSGOWCH Y BRENIN OS YN BOSIB!

BYSEDD PYSGOD MAWR JONA AR GAEL YMA!

YDYCH CHI'N GWYBOD YN UNION PA BRYD YR YMDDANGOSODD Y SEREN A BLE MAE'R BABAN?

WRTH GWRS, EICH MAWRHYDI. GAN FOD GENNYCH FARF FRENHINOL GYFEILLGAR, RHANNWN EIN GWYBODAETH.

POPETH AM Y SÊR

YM MHALAS Y BRENIN HEROD YN JERWSALEM...

FFYLIAID!

CHWILIWCH AM Y BACHGEN FEL Y GALLAF I YMWELD AG EF HEFYD.

79

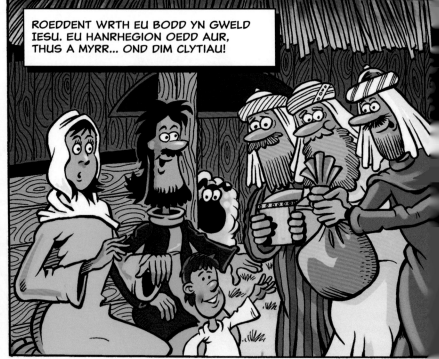

HUNLLEF AR ÔL Y DOLIG

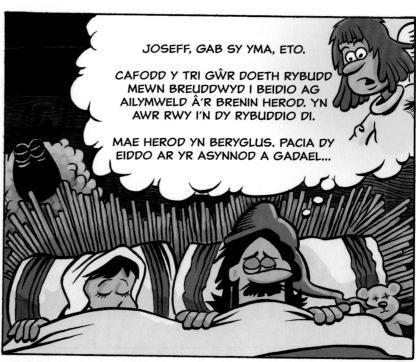

JOSEFF, GAB SY YMA, ETO.

CAFODD Y TRI GŴR DOETH RYBUDD MEWN BREUDDWYD I BEIDIO AG AILYMWELD Â'R BRENIN HEROD. YN AWR RWY I'N DY RYBUDDIO DI.

MAE HEROD YN BERYGLUS. PACIA DY EIDDO AR YR ASYNNOD A GADAEL...

... YN AWR!

FELLY YN GYFRINACHOL, FE ADAWON NHW BETHLEHEM.

AR Y DAITH, COFIODD JOSEFF EI FOD YN NABOD PERCHENNOG GAREJ ENFAWR O'R AIFFT A RODDAI WASANAETH I GAMELOD AC ASYNNOD: **TWOTONCARMEN.**

YR AIFFT
LLE DA I GODI CASTELL TYWOD!

RAI BLYNYDDOEDD WEDYN...

FI GAB SY YMA ETO JOSEFF.

MAE HEROD WEDI MARW, FELLY GELLWCH FYND YN ÔL ADREF.

WAW! CES FREUDDWYD ARALL AM Y POSTMON ANGYLAIDD HWNNW!

FELLY GADAWODD Y TEULU AC YMSEFYDLU YN NASARETH.

YN DDIOGEL O'R DIWEDD, WNAETH MAIR DDIM HOLI PAHAM FOD Y POSTMAN YN DAL I YMDDANGOS YM MREUDDWYDION JOSEFF.

NASARETH
TRIWCH BAGELS BENJAMIN

PAN OEDD IESU'N 12 OED...

GARTREF

ROEDD MAIR A JOSEFF YN MWYNHAU EU HUNAIN WRTH DDYCHWELYD O ŴYL Y BARA CROYW YN JERWSALEM TAN ...

BETH RWYT TI'N FEDDWL ROEDD IESU GYDA FI? ROEDD E GYDA TI!

EDRYCHA LLE RWYT TI'N MYND. FY NGHACENNAU FFRES I!

WPS, SORI!

BU BRON I'R GACEN LYNU WRTH FAWD FY NHROED!

WEDI RHUTHRO O GWMPAS AM DRIDIAU, DAETH JOSEFF O HYD I IESU YN Y DEML.

PAM Y GWNAETHOCH CHWILIO AMDANAF? ONID OEDDECH CHI'N GWYBOD BOD YN RHAID I FI FOD YN NHŶ FY NHAD?

ER NAD OEDDENT YN EI DDEALL, ROEDDENT YN FALCH O'I GAEL GARTREF.

GŴR BLEWOG

BOI IAWN. ADWAENAIS I FE O WELD Y TWMPATHAU AR EI GÔT GAMELOG.

ROWN I AM NOFIAD FACH YN AFON IORDDONEN, OND FYDD DIM CYFLE BELLACH.

Y PRYD HYNNY DAETH DYN O'R ENW IOAN FEDYDDIWR I MEWN I JWDEA.

BWYD SYML FYDDAI IOAN YN EI HOFFI: MÊL GWYLLT A LOCUSTIAID.

DYNA PRYD Y DAETH CANAPÉS I FODOLAETH.

DDAW'R COTIAU YNA DDIM YN BOBLOGAIDD.

HM, WN I DDIM. MAEN NHW'N DDEFNYDDIOL WEDI BOD I'R FARCHNAD.

BYDD YN OFALUS. NI DDIM YN GALLU NOFIO!

CYFADDEFWCH EICH PECHODAU A CHEWCH EICH **BEDYDDIO.**

LLAIS MAWR GAN FOI BACH.

BYDDWN I'N FODLON, OND YR HEN ANNWYD 'MA...

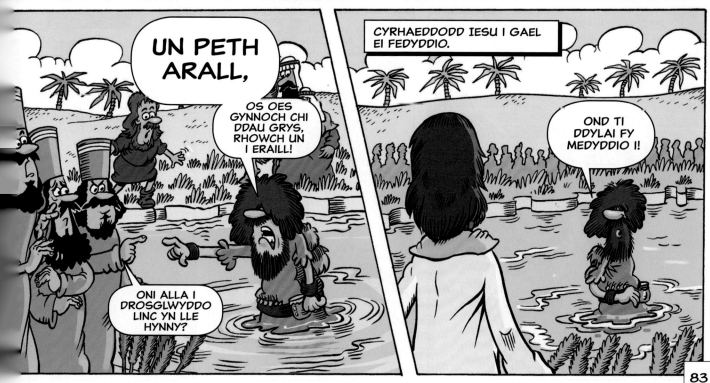

UN PETH ARALL,

OS OES GYNNOCH CHI DDAU GRYS, RHOWCH UN I ERAILL!

ONI ALLA I DROSGLWYDDO LINC YN LLE HYNNY?

CYRHAEDDODD IESU I GAEL EI FEDYDDIO.

OND TI DDYLAI FY MEDYDDIO I!

GWNA DI, ER MWYN CYFLAWNI YR HYN MAE'R ARGLWYDD AM I NI EI WNEUD.

DYMA FY MAB, RWY'N FALCH OHONO.

WAW! MAE IESU YN UN ARBENNIG.

YCHYDIG WEDYN AM FOD AR HEROD OFN IOAN, CEISIODD EI WRAIG EI GYSURO DRWY GYFEIRIO AT EI BARTI PEN-BLWYDD.

CWYD DY GALON, GWNAIFF FY MERCH BERFFORMIO'R DDAWNS TI'N EI HOFFI...

WEL, WEL!

DDIM Y DDAWNS YMA ETO!

ROEDD Y DDAWNS YN WYCH. BETH AM GACEN PEN-BLWYDD HYFRYD?

GELLI DI CHWYTHU'R CANHWYLLAU...

... WEDI I TI GAEL GWARED AR IOAN FEDYDDIWR, UNWAITH AC AM BYTH.

O CARIAD, IE CARIAD...

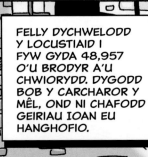

FELLY DYCHWELODD Y LOCUSTIAID I FYW GYDA 48,957 O'U BRODYR A'U CHWIORYDD. DYGODD BOB Y CARCHAROR Y MÊL, OND NI CHAFODD GEIRIAU IOAN EU HANGHOFIO.

MÊL

TEMTIO IESU

WEDI I IESU GAEL EI FEDYDDIO, CRWYDRODD I'R ANIALWCH AM 40 DYDD A NOS, LLE CYFARFU Â...

O BOI, ANODD DOD O HYD I TI.

RO'N I'N MEDDWL Y BYDDET TI AM GWMNI.

RHAID BOD TI BRON MARW EISIAU BWYD – BETH AM KEBAB, PIZZA, CYRI NEU GACEN AFAL?

YN WELL BYTH GALLET TI DROI'R CERRIG HYN YN FARA BROWN NEU GWYN.

ELLWCH CHI DDIM BYW AR FARA'N UNIG, MAE ANGEN GAIR DUW ARNOCH.

GWIR, OND MAE YN HELP I FYW. BETH AM I TI FY YSTYRIED I'N BENNAETH ARNAT? RHODDAF I TI'R HOLL ARDALOEDD HYFRYD HYN.

DANGOS I FI FOD DUW GYDA TI – NEIDIA ODDI AR DO'R DEML I WELD A WNAIFF DUW DY ACHUB.

DYNA DDIGON! DOS ODDI YMA Â'R BARA, Y PIZZA A'R KEBABS.

RHAID YMDDIRIED YN NUW, NID GOSOD PRAWF!

DRATIA! MAE'R HOLL SIARAD AM FWYD WEDI 'NGWNEUD I'N NEWYNOG!

GALW'R DEUDDEG

UN DIWRNOD CYFARFU IESU Â PHYSGOTWYR A NHW OEDD EI DDILYNWYR CYNTAF OLL.

OS MAI PYSGOD RWYT EISIAU, D'YN NI HEB DDAL YR UN.

DYNA'R GWIRIONEDD. YR UNIG BETH DDALIES I OEDD SANDAL RHUFEINIWR, A DAU DOCYN I FYND AR GEFN ASYN.

YMDDIRIEDWCH YNOF. AWN ALLAN ETO A CHAWN DDALFA FENDIGEDIG.

RHAID MAI JOCIAN MAE E.

WAW! ANHYGOEL! DALION NI FILOEDD!

YN Y CYFAMSER, CASGLODD IESU YNGHYD EI DDILYNWYR CYNTAF – EI DDISGYBLION.

EU HENWAU: SIMON PEDR, ANDREAS, IAGO, IOAN, PHILIP, BARTHOLOMEUS, MATHEW, TOMOS, IAGO FAB ALFFEUS, SIMON (A GÂI EI ALW'N SELOT), JWDAS FAB IAGO A JWDAS ISCARIOT WRTH GWRS. ROEDD CATH HEFYD, OND DIHANGODD HONNO!

DYSGAF I CHI YN AWR SUT MAE PYSGOTA AM DDYNION!

RHYFEDDOL!

MAE'N DDIWRNOD HYFRYD, PERFFAITH I BRIODAS YN CANA. BETH ALL FYND O'I LE?

O NA! PLÎS, FY MAB, RHAID I TI WNEUD RHYWBETH... DOES DIM RHAGOR O WIN AR ÔL!

NID DYMA'R ADEG BRIODOL, OND...

OCE, MAM.

DYW E'N AMLWG DDIM YN GWYBOD Y GWAHANIAETH RHWNG CAWGIAU DŴR A GWIN.

GWESTYWR ARBENNIG!

CAWN GAN RAI Y GWIN GORAU YN GYNTAF, OND CEDWAIST TI EF TAN Y DIWEDD.

ROEDD Y DISGYBLION MEWN CWCH.

DYNA WYRTH GYNTAF IESU, OND ROEDD UN ARALL YNGHANOL STORM FAWR.

ALLA I DDIM CREDU – YS... YSB...YSBRYD!

PEIDIWCH AG OFNI. FI YW E!

PEIDIWCH AG OFNI PAN DDAW STORM. CANOLBWYNTIWCH ARNAF I. BYDDAF I GYDA CHI.

BU'R HEN ŴR HWN YN SÂL AM 38 O FLYNYDDOEDD.

GOBEITHIAI FYND I MEWN I'R PWLL A ADDAWAI WELLHAD IDDO TAN ...

O!

PAID Â GORWEDDIAN YNA, CWYD A CHERDDA!

YN SYDYN, CODODD Y DYN – ROEDD RHYWBETH RHYFEDDOL WEDI DIGWYDD IDDO.

GAN GYDIO YN EI WELY A'I HWYADEN BLASTIG, RHEDODD YN LLAWN CYNNWRF.

DIOLCH!

DIGWYDDIADAU ANHYGOEL ERAILL

EISTEDDAI Y GŴR BACH DALL, BARTIMEUS, AR Y LLAWR.

AI TI YW IESU? GA I AIR?

HIST, MAE E'N BRYSUR.

PRYSUR IAWN, LLEOEDD I FYND, POBL I'W GWELD!

OND GWNAETH IESU EI GYNORTHWYO DRWY GYFFWRDD Â'I LYGAID.

HIP, HIP, DW I'N GALLU GWELD. DIOLCH!

CWSMER HAPUS ARALL.

STORM ARALL, OND ROEDD IESU'N CYSGU YN Y CWCH.

DW I WEDI CLYWED AM GYSGU'N DRWM, OND HYN!

IESU, DEFFRA!

DEFFRODD IESU A THAWELU'R STORM...

A PHWYSLEISIO'R PWYSIGRWYDD O GADW EU LLYGAID ARNO EF.

ROEDD GWAS I SWYDDOG RHUFEINIG YN DDIFRIFOL O SÂL.

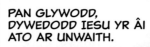

PAN GLYWODD, DYWEDODD IESU YR ÂI ATO AR UNWAITH.

OND CAFODD NEGES YN DWEUD: DIM OND I TI DDWEUD Y GAIR, DW I'N CREDU Y CAIFF WELLHAD.

DYWEDODD IESU NA DDAETH O HYD I FFYDD GADARNACH YN ISRAEL GYFAN. AC FELLY CAFODD Y SWYDDOG RHUFEINIG WELLHAD.

Y DAMHEGION

MAE'R MOCHYN YNA YN FY ATGOFFA O STORI A ADRODDODD IESU.

UNWAITH, ROEDD GAN DDYN DDAU FAB. GOFYNNODD YR UN IAU AM YR OLL A OEDD YN DDYLEDUS IDDO.

DW I'N GWYBOD 'MOD I'N IFANC OND DW I AM FY ARIAN YN AWR.

FUODD HI DDIM YN HIR CYN IDDO WARIO'R ARIAN AR HAP CHWARAE.

OLWYN FFAWD

POCEDI GWEIGION ... GWELL I FI CHWILIO AM WAITH!

OND DIM OND Y GWAITH MWYAF ERCHYLL A GAFODD.

SYLWEDDOLODD MAI OND UN PETH Y GALLAI WNEUD...

... ROEDD YN BRYD DYCHWELYD ADREF, ER EI DDILLAD BLÊR A'I FRYNTNI.

CAFODD GROESO MAWR GAN EI DAD.

OND, DOEDD EI FRAWD HŶN DDIM YN HAPUS.

DYLEM DDATHLU BOD DY FRAWD IAU WEDI DYCHWELYD. BYDDAF I GEN TI AM BYTH.

STORI ARALL DEBYG OEDD AM FUGAIL A GOLLODD UN O'R CANT O DDEFAID A OEDD GANDDO.

COLLEDIG

TI'N SIŴR EI BOD HI AR GOLL?

FELLY, MEWN TYWYDD ERCHYLL, AETH ALLAN I CHWILIO AMDANI A DAETH O HYD IDDI.

ROEDD Y BUGAIL WRTH EI FODD WEDI EI DDARGANFOD.

NID ANGHOFIODD AMDANI, ER BOD GWEDDILL EI BRAIDD GANDDO YN SAFF.

GWYCH!

IE!

SUL Y BLODAU A'R ASYN

GER JERWSALEM...

DOS O'N BLAEN NI – BYDD ASYN WEDI EI GLYMU, ER DOES NEB WEDI BOD AR EI GEFN HYD YN HYN.

DDYLAI HYNNY DDIM BOD YN ANODD. YR UNIG GWESTIWN YW ...

CASGLIAD HELAETH O ASYNNOD HEN A NEWYDD

LLOGI ASYN

OS GOFYNNITH RHYWUN, DYWED FOD ARNAF I EI ANGEN AC Y GWNAF EI ANFON YN ÔL AR UNWAITH.

ASYNNOD AR WERTH

... BLE DOWN NI O HYD I ASYN FFORDD YMA?

YN HWYRACH YN Y DYDD, AETH IESU I MEWN I JERWSALEM ...

PRYNWCH DDAIL Y PALMWYDD, COED FFIGYS, CYLCH ALLWEDDI...

BENDITH DUW ARNO YN DOD YN ENW'R ARGLWYDD.

PALMWYDD AR WERTH

MAE'N CEFNOGI'R MATH ANGHYWIR... CRYSAU-T SUL Y BLODAU WIR!

COLLODD IESU EI AMYNEDD GAN FOD Y DEML YN CAEL EI DEFNYDDIO GAN GYFNEWIDWYR ARIAN A MASNACHWYR.

RHED! RHED!

GWEDDÏO A WNAWN YN Y DEML!

DRATO! ... Y BYRDDAU, Y CADEIRIAU A'R HOLL ARIAN... A BETH WNAETH Y COLOMENNOD 'NA O'I LE?

SGWN I FAINT O'R ARIAN DA YNA WNAIFF Y PRIF OFFEIRIAID EI ROI YN DÂL I FI AM ROI IESU IDDYNT?

91

Y SWPER OLAF

ROEDD HI'N ADEG CAEL PRYD BWYD Y BARA CROYW. ANFONODD IESU DDAU DDISGYBL I CHWILIO AM WR YN CARIO FFIOL O DDWR AC ARWEINIODD HWY I YSTAFELL YN Y LLOFFT I GAEL SWPER.

GAN BWYLL, GYFAILL. NI'N CHWILIO AM YSTAFELL MEWN LLOFFT I GAEL SWPER.

BYDD UN GAN BET FY NGHYFNITHER.

YFWCH WIN Y TŶ'N UNIG
PEIDIWCH TROI'R DŴR YN WIN

FELLY ...

ER GWYBODAETH... BYDD UN OHONOCH YN FY MRADYCHU WEDI SWPER.

TROLI CACENNAU, GWYCH!

DDYWEDODD E, EI FRADYCHU?

GWYCH! HUFEN IÂ SU... Y BLODAU!

GOLCHODD IESU DRAED BUDR Y DISGYBLION ER MWYN DANGOS SUT Y DYLENT DRIN EI GILYDD.

ESBONIODD IESU Y BYDDAI'R BARA A'R GWIN YN EU HATGOFFA HWY OHONO FE AM BYTH.

RHUTHRODD JWDAS ALLAN GAN WYBOD Y BYDDAI'N FODLON BRADYCHU IESU AM 30 DARN O ARIAN.

ARESTIO

YN DDIWEDDARACH Y NOSON HONNO, AETH IESU Â PHEDR, IAGO AC IOAN I ARDD HYFRYD GETHSEMANE. GOFYNNODD IDDYNT FOD AR WYLIADWRIAETH TRA BYDDAI E'N GWEDDÏO; BETH BYNNAG...

ALLA I DDIM CREDU, TI'N CAEL CWSG LLWYNOG!

OEDDWN I'N CHWYRNU?

YMDDANGOS BOD CWMNI GYNNON NI.

DYMA IESU. DYDY'R FFAITH FOD GEN I 30 DARN O ARIAN DDIM YN PROFI I MI GAEL FY LLWGRWOBRWYO.

TI 'DI SIARAD DIGON! PA UN YW DY HOFF GLUST?

FYDD E DDIM YN GALLU GWISGO SBECTOLS MWYACH!

AR UNWAITH, ADFERODD IESU EI GLUST, GAN ESBONIO MAI DYNA'R LLWYBR CYWIR.

CAFODD IESU EI DYWYS AT YR UWCH OFFEIRIAD, CAIAFFAS.

GWADU

EISTEDDAI PEDR YM MUARTH TŶ YR UWCH OFFEIRIAD, YN LLAWN OFN AC YN GOBEITHIO NA CHÂI EI ADNABOD.

WAW! WYT TI'N RHYWUN ENWOG? OEDDET TI'N ARFER CADW CWMNI I IESU?

DIM FI!

DEST TI I MEWN I FY SIOP GACENNAU I. OND WYT TI'N FFRIND I IESU?

DIM FI!

DW I'N DY GOFIO. TI'N DAL HEB DALU AM Y RHWYD BYSGOTA 'NA!

DIM FI!

RHUTHRODD PEDR ODDI YNO, GAN GOFIO GEIRIAU IESU, "CYN I'R CEILIOG GANU, BYDDI WEDI HAERU DEIRGWAITH NAD WYT YN FY ADNABOD."

EFALLAI NAD YW'N HOFFI FY NGHACENNAU!

95

IESU'N MARW

HOELIODD Y MILWYR IESU AR GROES AC AROS IDDO FARW.

ALLA I DDIM CREDU HYN – GWNEUD HYN I ŴR DIEUOG A GAMBLO AM EI DDILLAD.

CAFODD Y MILWYR A WAWDIODD IESU EU HYSGWYD WRTH EI GLYWED YN GALW, "MADDAU IDDYNT 'NHAD, GAN NA WYDDANT BETH MAENT YN EI WNEUD."

DIGWYDDODD NIFER O BETHAU PAN FU IESU FARW: TYWYLLODD YR AWYR, CRYNODD Y DDAEAR A HOLLTODD Y CREIGIAU.

MAE E MOR DRIST.

DAETH JOSEFF O ARIMATHEA I OFALU BOD BEDD I IESU.

YN HWYRACH...

ZZZZZZZZ...

GWNEUD GWAITH DA, ON'D YDYN NHW?!

GAN FOD AR PEILAT OFN Y BYDDAI'R CORFF YN CAEL EI DDWYN, RHODDODD DDYNION I'W WARCHOD.

Y BEDD GWAG

AI DYNA'R CYFAN?

NAGE! AR FORE SUL, DAETH MAIR MAGDALEN A MAIR MAM IAGO YNO A GWELD...

... WAW! CARREG Y MYNEDIAD WEDI'I SYMUD A BEDD GWAG.

MAEN NHW'N RHEDEG!

PEDR! DIM AMSER AM FWYD, RHAID I TI DDOD YN AWR!

Y GARREG WEDI SYMUD. DYW E DDIM YNO – MAE E WEDI MYND!

ANODD RHEDEG Â'R SANDALAU HYN YN FFLIP FFLOPIAN AM FY NHRAED.

FFLIP FFLOPS YN ENW DA ARNYN NHW!

MAE'N WIR! MAE E WEDI MYND... A RHYWUN WEDI TACLUSO'R GWELY!

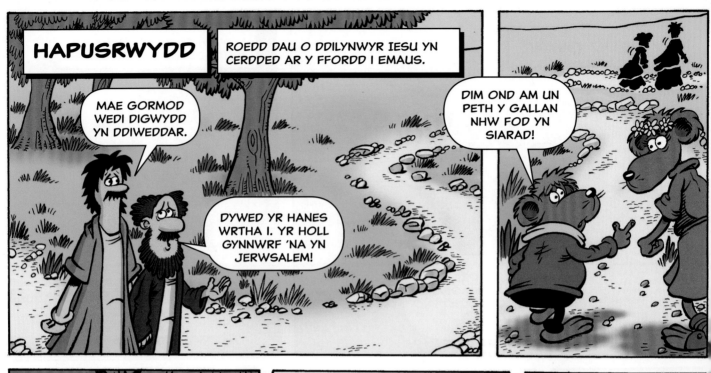

ER MWYN ARGYHOEDDI TOMOS, PROFODD IESU MAI EF YN WIR OEDD IESU DRWY DDANGOS Y CLWYFAU AR EI DDWYLO.

DOES DIM YN AMHOSIBL I DDUW, HYD YN OED HERIO MARWOLAETH.

USTA, MAE RHYWBETH ARALL YN DIGWYDD.

WAW! FYDD NEB YN ANGHOFIO HYN.

YN FUAN, RHODDAF FY YSBRYD YN ANRHEG I CHI, A FYDD O GYMORTH I CHI DDWEUD WRTH BOBL JERWSALEM, JWDEA, A SAMARIA AMDANA I.

PA ARDAL?

DDIM YN SIŴR IAWN.

COFIWCH, BYDDA I GYDA CHI BOB AMSER.

DW I DDIM AM DDWEUD YR AMLWG, OND MAE'N HEDFAN!

WRTH GWRS GALL MAB DUW HEDFAN.

WAW!

Y PETH PWYSIG I'W GOFIO YW HYN:

BYDD YR HYN AIFF I FYNY YN SIŴR O DDOD I LAWR.

WRTH I'R DISGYBLION SBÏO I FYNY I'R NEFOEDD, YMDDANGOSODD DAU NEGESYDD.

NEWYDDION GWERTH EI GYHOEDDI: UN DIWRNOD, BYDD YR IESU HWN YN DYCHWELYD O'R NEFOEDD.

103

PAUL AR DEITHIAU CENHADU

ÇAFODD SAUL EI AILENWI'N PAUL A DOD YN FFRINDIAU Â BARNABAS. RHANNODD Y DDAU EIRIAU IESU, ER NAD OEDD RHAI YN EU HOFFI.

O'R GORAU GYFAILL, MAE'N BRYD CAEL RHYWBETH I'W FWYTA A LLYFR TYWYS I DDINAS LYSTRA.

FFORDD YMA

LYSTRA
JERWSALEM
CYPRUS
PISIDIA
ANTIOCH
ICONIUM

MAE ALED WEDI BOD FEL HYN ERS EI ENI.

ALED?

YN EI WEDDI, GOFYNNODD PAUL AM WELLHAD IDDO.

RHYFEDDOL! CHI YN AMLWG YW'R DUWIAU ZEWS A HERMES!

WEL, PAUL YW FY ENW I MEWN GWIRIONEDD A BARNABAS YW FY FFRIND.

HOFFWN GAEL FY NGALW'N ZEWS.

DEWCH YN ÔL, ROEDDEM AM GYNNIG ABERTH I CHI.

RO'N I AM GOGINIO CACEN!

BYDDWN I'N FODLON ENWI'R GWNINGEN AR EICH ÔL!

Y TRO NESA Y BYDD RHYWUN YN DY ALW'N HERMES, DIOLCHA IDDO FE.

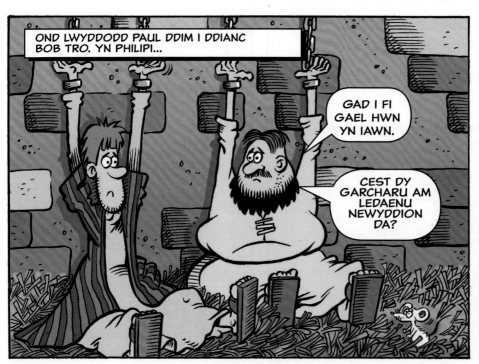

107

LLYTHYRAU PAUL

PAN GYRHAEDDODD PAUL RUFAIN CYFYNGWYD AR EI GRWYDRO. TA WAETH, GAN FOD CYMAINT AM GLYWED EI HANESION AM IESU, YSGRIFENNODD NIFER O LYTHYRON.

YN AWR PWY SYDD NESAF? ANNWYL WIL, SUT MAE'R BUSNES GLANHAU FFENESTRI'N DATBLYGU? MAE GEN I NEWYDDION DA I'W RANNU...

AT Y RHUFEINIAID

AT Y CORINTHIAID

AT Y COLOSIAID

ANNWYL JACOB, YDY'R GATH GRINGOCH WYLLT GEN TI O HYD? YNGLŶN Â'R NEWYDDION DA...

AT YR EFFESIAID

AT Y GALATIAID

HM! GOBEITHIO BOD GEN I DDIGON O STAMPIAU!

AT Y THESALONIAID

AT Y PHILIPIAID

FELLY, PARHAODD PAUL I YSGRIFENNU I'R HOLL EGLWYSI A FFURFIWYD.

ER MWYN OSGOI COSTAU, DEFNYDDIODD DDEFAID FEL POSTMYN RHAD.

I IAGO

I JWDAS

I TITUS

AT YR HEBREAID

I PHILEMON

YN ÔL I'R DYFODOL

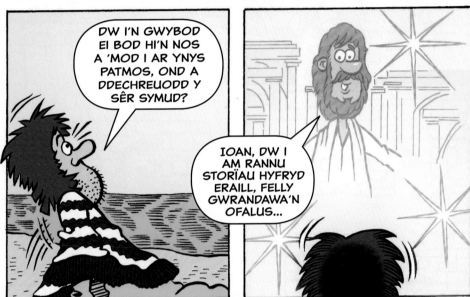

CYNT WEDYN

WEDI BLINO BOD YN LLIPRYN? AM FOD YN GRYF, YMLADD LLEWOD, BWYTA PASTAI MAWR? GALWCH GARY HEDDIW.

YSGOL CREU YMLADDWYR GARY

WEDI DIWRNOD CALED AR GEFN CAMEL...

BWYTEWCH **BAGELAU BEN!**

GWRES CANOLOG RHUFAIN

GWRES Y LLAWR YN RHY BOETH I CHI?

PRYNWCH SANDALAU SAWDL UCHEL I AROS YN CŴL.

DEFAID YSGAFN DROED

WEDI BLINO GWELD DEFAID YN GORWEDD BOB NOS?

YDYN NHW WEDI DIFLASU? DYMA EU HANRHEGION PERFFAITH!

PEIDIWCH PRYNU CWNINGOD RHUFEINIG

CYHOEDDIAD CYHOEDDUS

CADWCH EICH PELLTER CAMEL DREWLLYD

STICER CAR